コリア系移住者の
民族継承をめぐって
教育戦略と文化伝達

安本博司

ひつじ書房

はじめに

　この調査は、自身の出自が原点となっている。その出発点を遡り、自身の在日コリアン[1]としてのライフが、調査を始めるまでどのようなものであったかを振り返ってみたい。その理由は、後述するインタビューの解釈過程において、自身の在日としての経験が素地となっているからに他ならないし、そこから免れることができないからだ。したがって、調査者自身がどのような者で、どのような経験をしてきたのか、そして、本調査での対象者の語りをどう解釈したのかを他者に示すためにも必要な作業だと思っている。

　筆者は、ニューカマー（以下、タイトル、引用「　」を除いて NC と表記）の韓国人母と在日コリアン 2 世（正確には幼少期に渡日）の父との間に生まれた。母は 1970 年代に来日し亡くなるまでの 30 年程を日本で過ごした。父は学歴こそあったものの職を転々と変え、45 年の人生を終えている。また、自身の出自を恨んでいた人でもあった、という話を周囲から何度となく聞かされた。筆者が生まれる前に父は亡くなり、母は帰国せず日本に残り、筆者は NC の母とオールドカマー（以下、タイトル、引用「　」を除いてOC と表記）である父方の母（在日コリアン 1 世の祖母）によって育てられた。筆者が住む大阪市生野区は、在日コリアンの集住地域で、生野区の統計（2016. 10）によると、生野区に居住する韓国・朝鮮籍者数は 23,499 人で、大阪市に居住する韓国・朝鮮籍者数 69,505 人（2016. 10）の約 3 分の 1 を占めている。生野区の住民が 127,783 人（2016. 9）であることを考えれば、その集住度は容易に理解できるだろう。そのような家庭、地域に生まれたこともあって、在日ということを隠すも隠さないもなく、学校の名簿を見れば一

目瞭然、出自は曝されていた。自身が在日であるということは、学校の歴史の授業や差別の話を聞くたびに意識していたし、自分は被差別者であることはいろんな場面で内面化してきたように思う。服部（2010）は差別の捉え方として、カテゴリー化理論を1つの例に挙げている。その理論では、カテゴリー化する権力をもつグループ（＝当該社会における支配的文化をもっているとみなされるグループ）によって被差別者としてカテゴリー化されることにより、カテゴリー化された人々は、すでに支配的文化の見方を内面化しているので、自らを被差別者としてアイデンティファイし、差別者側の認識する被差別者として行動をとることになると説明している。筆者も知らず知らずのうちに日本人、在日コリアンというカテゴリーを認識し、自身を被差別者としてアイデンティファイして、フェルト・スティグマ[2]を形成していったと思っている。そのことが自身の否定、母や祖母への嫌悪やコペニズ[3]の偏見につながったと認識している。

　筆者は母を基準にすれば2世であり、父を基準にすれば3世である。在日コリアンの2世が1世のオモニ（母）、アボジ（父）を差別する構造は、時代こそ違うものの私にも歴然としてあった。それは世代を超えた「ハン・プリする」なのかもしれない。「ハン・プリする」という韓国語の意味は、「ハン（恨）」を「プリ（解き放つ）」ということだそうだ。服部（2010）は、在日コリアンへのインタビューで、在日1世のアボジ（父）が家庭内で荒れる要因として、日本社会から拒絶されることからのストレスを挙げ、家庭は「ハン（恨）」を吐き出す場所であったと、語りを引用する。筆者の母や祖母への嫌悪、コペニズへの偏見もまた、父の母（祖母）への嫌悪に重ね合わせることができる。筆者は、高校に進学してからは出自を隠し、そこから解放されたいという思いはあったが叶わなかった。しかしながら、そのような経験は、その後の韓国への親族訪問、韓国留学、同胞との交際、韓国での就職などにつながっており、それらすべてが社会化を見直す、上書きする作業だったと言える。

　筆者が、とりわけ言語（母語）に関心をもつようになったのは、コペニズへの偏見があったからである。あのとき、なぜ私は、母や祖母の話すことば

を嫌っていたのか、また、なぜ、母は積極的に韓国語を学ばせようとしなかったのか、知りたくなったということがこのテーマを選んだきっかけになっている。また、学校選択に関心を抱くようになったのは、修士論文でのインタビュー協力者（韓国人）の語りで、たびたび民族学校が話題にのぼったからである。もちろん、修士論文のテーマとして挙げていた母語の継承において、学校選択は重要な意味をなすことなので質問項目として取りあげていたが、インタビューの過程で民族学校への選択やそこに通わせようと思ったきっかけなどを聞くうちに、母語継承だけでなく学校選択も俎上にのせたいと思うようになった。以上のように、母語継承を含む教育戦略、ひいては民族継承[4]に関心をもった背景には自身の出自が大きく関係している。自身の在日としてのライフを振り返ったとき、親が韓国人として日本社会でどのような経験をしてきたのか、夫（妻）との関係はどうだったのか、あるいは子どもからのフィードバックを受けて教育戦略に変化があったのか、日本社会で生きることをどのように意味づけているのかを理解することが、アイデンティティとも関わりのある民族継承を明らかにするうえで、重要ではないかと思うようになった。筆者自身の経験から芽生えた問いは、必ずしも個人だけに還元されるものではないと考えている。他の人々においても子どもからのフィードバックによって、民族継承が抑制される場合も考えられるだろう。

　本書は、以上のような個人的な経験からの問いを出発点としている。しかしながら、親の経験と民族継承との関わりを研究の俎上にのせるためには、個人的な経験に留まらず、先行研究をレビューし課題を導出しなければならない。以上のことを踏まえ、具体的な課題のいくつかは先行研究のレビュー後に提示するが、本書で通底する課題は、親の経験と教育戦略、特に民族継承との関わりを読み解いていくことである。換言すれば、コリア系移住者の親はどのような要因に影響を受けて、子どもに民族継承をさせようとするのかを明らかにすることである。その目的を達成するためには、同じ出自でありながらも、その後の社会背景を異にしてきたコリア系移住者の３カテゴリーの人々を彼ら、彼女らが相互に出会いうる「大阪」という在日コリアンの集住地域を事例として、人々の「接触」に比較分析することが必要になっ

てくるだろう。

　修士論文を執筆する前、筆者は非常に固定的に捉えていたことがあった。韓国人 NC は、同胞である在日コリアンの被差別経験を知ることで、韓国人であることを否定的に捉え、子どもがいれば、差異として曝される親子間の韓国語使用や母語の継承は抑制されると思っていたのである。しかしながら、インタビューで明らかになったことは、在日コリアンとの「接触」が逆に韓国人であることを前面に出させたり、母語継承意識を強めたりしていることだった。修士論文での一連の調査におけるインタビュー協力者の語りは、私の勝手な思い込みを気づかせ、解釈を何度となく再考させた。冒頭に述べたように、インタビューの解釈において、自身の経験（思い込みや価値観など）が大きく影響する。本書では、それを踏まえながらも語りに寄り添い、ときには突き放し、筆者なりの解釈を示したい。

　本書の構成は次の通りである。第 1 章では、母語継承が社会的上昇のための戦略としてだけでは括れないことを示したうえで、コリア系移住者の移動から移住の歴史・社会的背景、教育戦略としての言語、学校選択の先行研究や近年の教育戦略を扱った研究をレビューする。また、それでもなお残る疑問として、移動後の「接触」に関わる先行研究の知見を参照する必要性を述べ、本書で援用する主要概念を明確にし、課題を提示する。第 2 章では、韓国人 NC の調査概要を提示して、教育戦略を分析する。第 3 章では、朝鮮族の調査概要を提示して、教育戦略を分析する。第 4 章では、在日コリアンの調査概要を提示して、教育戦略と文化伝達の様相を明らかにする。また、在日コリアンの民族的アイデンティティと教育戦略との関わりについて分析する。第 5 章では、コリア系移住者の民族継承を比較し、そこで得られた知見を述べる。

注

1　本書では対象者の語りで「在日」とある場合や、先行研究で「在日韓国人」「在

日朝鮮人」「在日韓国・朝鮮人」などと表記されている箇所はそのまま使用している。また、オールドカマーと表記する際は、ニューカマーの対義語として使用し、先行研究でオールドカマーと表記しているところは「OC」と表記している。なお、便宜上「在日」という略称を用いている箇所が多々あることを予め断っておく。

2　服部（2010）によると、フェルト・スティグマ（主観的被差別感）は、「制度的差別」の存在認識と、それへの強い恐れによって形成されるという。そのため、フェルト・スティグマをもつ人は、差別される恐れを抱き、フェルト・スティグマをもたない人とはアイデンティティ形成が異なると述べている。

3　Kopanese の造語であり、コパニーズやコペニズなどと呼ばれ、韓国人の日本語学習者が、日本語的表現を韓国語的に組み立てようとした結果生じた誤用のことをいう。千（2005）は、コペニズ現象が日本語習得の際の障害要因として作用していると述べている。本書では、コペニズを韓国人が話す日本語という意味で使用する。

4　平ほか（1995）の民族的アイデンティティの概念を参照し、本稿における民族継承とは、親が子どもに民族意識をもたせるための、自分は何々民族に属す、という知識、文化の伝達、および民族意識の保持までを含む概念とする。

目　次

はじめに   iii

第1章　コリア系移住者の移動と教育戦略   1

1.　教育戦略—戦略概念に着目して   1

2.　コリア系移住者の歴史・社会的背景   3

　　2.1　在日コリアンの移住の歴史・社会的背景   3

　　2.2　韓国人ニューカマーの移住の歴史・社会的背景   5

　　2.3　朝鮮族の移住の歴史・社会的背景   7

3.　日本国内での多様な教育戦略   9

4.　コリア系移住者の教育戦略—母語継承と学校選択   14

　　4.1　韓国人ニューカマーの教育戦略   14

　　4.2　朝鮮族の教育戦略   17

　　4.3　在日コリアンの教育戦略   21

5.　民族継承とジェンダー   25

6.　日本におけるコリアンの接触   27

7.　先行研究の検討と目的   31

8.　本書における主要概念   35

第2章　韓国人ニューカマーの民族継承   43

1.　調査概要   43

2.　教育戦略—母語継承と学校選択   44

2.1	日本への移動—自発的移動と韓国社会からの逃避	44
2.2	日本社会での多様な接触—韓国人性の固辞と強化という側面	49
2.3	日本社会での経験—越境ハビトゥスの獲得	57
3.	まとめ—民族継承の一形態	63

第3章　朝鮮族の民族継承　　　　　　　　　　69

1.	調査概要	69
2.	教育戦略—母語継承と学校選択	70
2.1	日本への移動—経済的要因による現実的選択	71
2.2	日本社会での多様な接触—日本定住を促す諸要因	75
2.3	朝鮮族の延辺での経験と日本での経済的基盤	90
3.	まとめ—民族継承の一形態	96

第4章　在日コリアンの民族継承　　　　　　　101

1.	調査概要—在日コリアン女性	101
2.	教育戦略と文化伝達（チェサ）に着目して	102
2.1	日本社会での経験—学校経験を中心に	102
2.2	日本社会での経験—家族関係に着目して	109
2.3	まとめ	115
3.	若い世代の民族継承意識—KEY 参加者に着目して	117
3.1	調査概要	117
3.2	日本社会での経験—民族的アイデンティティ獲得までの物語	118
3.3	民族継承への意味づけ—選別される民族継承	127
4.	まとめ	142

第 5 章　総合的考察
―コリア系 3 者間の比較分析　　　　147

1. 韓国人ニューカマーの民族継承　　　　147
2. 朝鮮族の民族継承　　　　149
3. 在日コリアンの民族継承　　　　151
4. コリア系移住者の比較　　　　153
5. コリア系移住者の物語―多様性に着目して　　　　156

参考文献　　　　159

おわりに　　　　171

謝辞　　　　174

索引　　　　176

第 1 章　コリア系移住者の移動と 教育戦略

1.　教育戦略—戦略概念に着目して

　志水・清水編（2001）は、教育戦略を「各社会集団の再生産戦略の一環をなすもので、意図的のみならず無意識的な態度や行動をも含む幅広い概念」と定義し、日本に居住するエスニックグループに着目して調査をおこなった。韓国人 NC を対象とした研究（2001）において、彼ら、彼女らを「上昇志向ニューカマー」と位置づけた。この定義による上昇志向という韓国人 NC の位置づけは、彼ら、彼女らの教育戦略（後述）、例えば、異文化体験としての学校選択、学外での学習などが、ブルデュー（Bourdieu, Pierre）が概念化した文化資本[1]の獲得を意味している。つまり、韓国人 NC の教育戦略は、将来のための投資としての意味合いが大きく、子どもが将来、より多くの利益を獲得する、あるいは家族の社会的上昇のための実践だと捉えることができる。

　渋谷（2011）においても志水・清水の教育戦略の定義、分析枠組み（後述）を踏襲し、スイスに居住する日系国際結婚家庭の母親 56 人を対象に、教育戦略を明らかにすることを目的に調査をおこなっている。その調査で明らかになったことは、多文化に対して寛容なスイス社会において、大半の日本人母が差別的な待遇を受けることなく、豊富な資源（情報、ネットワーク、経済）を背景に、教育戦略（現地校を重視しながら日本語教育機関に通わせる）をおこなっていることである。また母語継承に関しては、子どものアイデンティティ形成、親子間や日本の親族とのコミュニケーションをとるために重

視されていたという。

　以上の研究から明らかになったことは、親は子どもの将来を見据え、バイリンガル、バイカルチュアルになることの有益性を認識していることである。小松田 (2008) のブルデュー理論の解釈[2]を用いると、韓国人 NC と在スイス日本人母の教育戦略は、基本的には文化資本の獲得をめぐる闘争の 1 つとして、すなわち上昇するための、あるいは世界で通用するための「資本」の獲得を目指したものだと理解できる。グローバル化が進む昨今、このような教育戦略は特権階級への新しい道だとも捉えられる。東アジア（中国や韓国など）では、グローバル社会を見据えた教育戦略を模索する家族の事例が報告され、グローバル社会で優位に立つための「資本」を蓄積させる姿が描かれているという（芝野・薮田 2013）。この「資本」は、まさに国際社会で通用する「グローバル型能力」（学歴、言語、国際的な資格、振る舞いなど）を意味している。

　前述した教育戦略の定義は、非常に洗練されたものではあり、上記の先行研究を捉えるうえでは有効であろう。しかしながら、ブルデューの「戦略」概念[3]が、資本の獲得、増大を目的とした闘争を前提としている以上、差別の対象となるような民族継承を捉えるうえで、果たして十分なのかという疑問が出てくる。

　本項では、ブルデューの概念化した戦略が、エスニシティ[4]研究の中でどのように援用されていたのか、2 つの先行研究から限定的にみてきた。それらの研究からわかることは、教育戦略は、上昇とは別の意味も含意する可能性があることである。つまり、多文化に寛容ではない社会や差別を意識する環境に身をおく者にとっての民族継承は、彼ら、彼女らの有している資本そのものが差別の対象になる可能性がある。そのことを思えば、上昇目的とは異なる意味づけのもと展開される教育戦略が存在するのではないだろうか。

　母語継承を例に挙げるならば、韓国人 NC と在日コリアンの母語継承を同列に扱うことができないからである。韓国人 NC にとっての母語継承は、駐在員の家族であれば、帰国後の学校での学習を支えるための、あるいは韓国人としてのアイデンティティを維持するための手段として位置づけられる

ことが考えられる。一方、在日コリアンの母語継承は、韓国人 NC とは異なった意味づけがされることは容易に想像がつく。韓国人 NC と同様に上昇するための手段と位置づけてしまうと大きな誤りをおかしてしまう恐れがある。生越（1983）は、在日コリアンのモノリンガル化の要因の 1 つを「朝鮮人への根強い偏見や民族学校への扱いなどがモノリンガル化を促した」と指摘している。つまり、両者の違いは、韓国人 NC にとっての母語継承の対象となる韓国語は「言語資本」としての価値づけがされている一方、在日コリアンにとっての韓国朝鮮語は、「資本」になりえなかった過去を表している。それでもなぜ、在日コリアンは、差別の対象となる可能性がある言語を含む文化継承をおこない、民族学校を選択してきたのか（しようとしているのか）。また、韓国人 NC と言っても、一括りにすることはできず、仕事での一時滞在者と結婚のため来日し定住した者とでは、母語継承の意味づけも異なってくるだろう。

　これらのことは、コリア系の民族継承を明らかにするうえで、ブルデューの理論に依った志水・清水（2001）や渋谷（2011）の分析では不十分であり、アイデンティティに深く関わる言語や学校選択を含めた民族継承の意味づけを、過去の歴史から遡って、あるいは移住の多様性にも目を向けながら丁寧にみていく必要性があることを示唆している。具体的には、コリア系移住者の歴史的背景、移住後のホスト国での経験など、幅広くエスニシティ研究を扱った先行研究をみる必要があるだろう。したがって、次項からは、コリア系移住者を中心としたエスニシティ研究を幅広くレビューし、本書での課題をあらためて提示したい。

2. コリア系移住者の歴史・社会的背景

2.1 在日コリアンの移住の歴史・社会的背景

　日本に居住する在日コリアンが、いかなる時代背景のもと日本へ移動してきたのかは、多くの文献から知ることができる。ここでは、戦前期における朝鮮人の日本への移動、戦後の移住の歴史を、主として外国人学校関連施策

に着目してまとめる。

　水野・文（2015: 17）で図示された在住朝鮮人人口の推移をみると、日本の植民地時代に増加し、その数は 1935 年には約 61 万人、とりわけ 1938 年の国家総動員法及び国民徴用令以降、1940 年には約 124 万人、1945 年 8 月には約 210 万人の朝鮮人が暮らしていたことがわかる。その後、その多くが帰国していく中で約 60 万人の朝鮮人が残った。その多くは、いつか帰国することを願い、自分たちの子どものために朝鮮語と文化を教えることのできる学校を建設していった。これは、朝鮮学校の前身である国語講習所と呼ばれるもので、在日本朝鮮人連盟（朝連）[5] を中心に建設が進められ体系化された。宋（2012）によると、朝鮮学校は解放後 1 年も過ぎないうちに、525 の初級学校、4 つの中級学校、12 の青年学校が建てられ、学生数は 44,000 人、教師は 1,100 人に達したという。しかしながら、民族学校は連合軍司令部（GHQ）と日本政府により弾圧され、1948 年には阪神教育闘争[6] が起こる。その収斂策として同年 5 月 5 日に文部大臣と「朝連」の代表との間に覚書が交わされ、日本の学校に民族学級が設置されることになった。一方、朝鮮学校の位置づけは今もなお不安定であり、高校無償化の対象からも外され公教育制度から排除されている。

　他方、韓国系の民族学校は、大阪に 2 校、京都に 1 校、東京に 1 校の計 4 校がある。大阪の民族学校[7]（白頭学院：建国幼・小・中・高）について言えば、1946 年の設立当初から、高卒資格や大学受験資格が公認してもらえない教育機関を設置しても意味がないという初代校長の信念から一条校（学校教育法第一条に掲げられた学校の総称）が目指されたという（志水他編 2014）。現在は、東京韓国学校を除く 3 校は日本政府から認可された「一条校」の指定を受ける日本の私立学校でありながら、韓国政府が認める「韓国学校」（韓国政府公認の正規学校）でもある。朝鮮学校が「各種学校」という位置づけで、授業内容を柔軟に設定できるのに対して、韓国系の民族学校は一定の制限を受けることになる。朝鮮学校と韓国系学校は、経営母体、学校制度上の位置づけなどは異なるものの、「民族教育」が基底にある。

　いずれにせよ、移住の歴史・社会的背景をみていくことでわかったこと

は、在日コリアンが民族教育を韓国朝鮮系の学校に求めようとしても、あるいは求めたとしても、民族性を育む学校自体が公教育から排除されてきた歴史を有していたことである。日本での朝鮮学校、民族学級の建設設置と韓国系学校の設立過程に着目することは、在日コリアンの日本社会での位置づけを理解することになり、彼ら、彼女らの教育戦略を解釈する大きな一助になると考える。

2.2　韓国人ニューカマーの移住の歴史・社会的背景

　この項では、日本へやって来た韓国人NCがどのような社会的背景のもと、日本へ移住してきたのか、まず統計と合わせて概観したい。

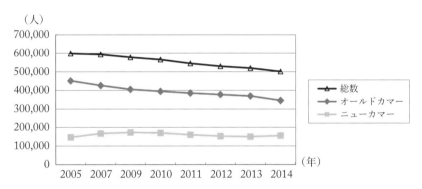

＊法務省HP「外国人登録者統計について」(2005年)、「在留外国人統計（旧登録外国人統計）統計表」(2006〜2014年)を参照し作成

図1　韓国人ニューカマーとオールドカマーの外国人登録者数の推移

表1 都道府県別上位4地域の韓国籍者数

順位・都道府県		総数（韓国籍）	特別永住者	韓国人 NC
		457,772	311,463	146,309
1	大阪	106,368	84,957	21,411
2	東京	89,520	38,415	51,105
3	兵庫	42,148	37,138	5,010
4	愛知	31,657	25,742	5,915

＊法務省 HP「在留外国人統計（旧登録外国人統計）統計表」（2015年12月）を参照し作成

　ここ最近の人口動態統計から読みとれることは、特別永住者である OC の一貫した減少と、NC の増減が挙げられる。NC に限ってみた場合、約10年前の 2005 年には 146,778 人（特別永住者数 451,909）、2007 年には 167,282 人（426,207）、2009 年には過去最高の 172,924 人（405,571）となっている。2010 年以降は減少に転じたものの、2014 年末時点で 155,727 人（345,503）の韓国人 NC が居住しており、日本の中での存在感は大きい。他方、調査対象地に目を転じてみれば大阪の特性がみてとれる。2015 年 12 月時点で大阪の韓国籍者数は、各都道府県の中で最も多く総計 106,368 人、特に特別永住者は、84,957 人にのぼっている。大阪は他の地域と比べ、OC の存在が非常に大きく、大阪という「場」が OC と NC をつなぐ特別な場所になっていると言える。

　また、現代韓国人の移動の背景として、前述した以外にも韓国人 NC の増加のプッシュ／プル要因として挙げられてきたのは、韓国側の 1989 年の海外旅行の自由化、1997 年の IMF 金融危機、日本側からのプル要因としては、韓流ブーム、2006 年の愛知万博を機に 90 日以内の滞在に限ってビザが免除されたこと、日韓双方からは、2002 年の日韓ワールドカップなどが挙げられている。また、そのような制度上や社会背景の変化だけでなく、女性の移動を韓国社会との関連から考察した金仙美（2008）、柳（2013）は、ジェンダーの視点から女性の移動を考察している。金仙美（2008）は、NC 母親を例に、異文化への「移動」や「定住」を選択した背景要因として、韓国社

会の変化とそれに歩調を合わせられない家族関係が1つの要因として働いていると指摘している。すなわち、社会の急激な変化にともなうジェンダー役割への再認識と社会改革とは別に、社会的通念のためにその変化が最も遅い家族関係が彼女らに葛藤を引き起こし、伝統的観念から抜け出すことが難しい家族関係での葛藤が、異文化への「移動」「定住」の選択につながったという。柳（2013）もまた、女性の移住を、「文化的逃避／避難」[8]という概念を用いて分析し、多様な移住の背景を明らかにしている。

　以上、韓国人NC移住の要因のいくつかを示したが、韓国人NCの移住は、マクロレベルでの国家間の政策、経済状況、それに影響される形での多様な移住が展開されている。女性に関しては、新しい移住の形態（父が韓国から経済的支援をし母子が留学する）や「文化的逃避／避難」といったジェンダーの側面をも含んでいることがわかる。

2.3　朝鮮族の移住の歴史・社会的背景

　権（2011）は、中国朝鮮族は、移住民族でありながら現在もなお、グローバル化の進展とともに再移動を続けている点で、その移動性が際立っていると述べている。朝鮮族に関する先行研究は、歴史的な「移動」そのものを扱った研究だけでない。権（2011）の移動とアイデンティティとの関係を考察した研究や高（2012）の朝鮮族の移動に焦点を当て、朝鮮族、韓国人、脱北者に共通する「民族」を超えた新たなつながりの可能性を探った研究、許（2011）の朝鮮族の韓国への移動と韓国での生活に焦点を当てた研究、尹（2010）の移動後の日本国内での生活形態と民族教育の考え方を調査した研究など多様で、「移動」の背景だけではなく、「移動」によるアイデンティティの変化や移動後の生活をも含めた調査がおこなわれている。ここでは、それらの先行研究を参照しながら朝鮮族の移動の歴史（近代〜現代）に限定して振り返ってみたい。

　権は、近代になると、日清戦争（1894〜95）、日露戦争（1905〜06）を経て、中国東北部をめぐる勢力構図が変化し、日韓併合（1910）を前後に、朝鮮の「第二の日本化」、中国東北部の「第二の朝鮮化」を目指す大日本帝国

の一連の政策が、朝鮮半島における流民、破産農民を激増させたという。1907 年の中国東北部在住の朝鮮人が 7 万 1 千人に対し、1943 年には 141 万 4,144 人と 20 倍に増加し、満州国建国以降は、「開拓移民」「集団移民」の名の下に、満州への朝鮮人移民の流れが促進したという。解放後、東北三省に居住する朝鮮人が少数民族「朝鮮族」として編入されるのは、1949 年の中華人民共和国の成立後からである。また、改革開放までの移動は、朝鮮戦争前後の中国人兵士としての移動や文化大革命による避難民としての北朝鮮やロシアへの移動などが挙げられている。権は、このような激動の中でも、跨境生活圏[9]は存続し、社会的ネットワークは機能していたと考えている。

　現代の移動においては、1992 年の中国と韓国が国交を樹立してからだとし、そのことによって故郷訪問、親族訪問、商売、留学などが徐々に増えたという。高（2012）によると、1992 年以降の朝鮮族の移動は、①中国国内の各都市におけるキムチ行商、②東北三省の各都市や北京市における朝鮮料理屋の経営、③中国国内の各都市や海外の韓国企業における雇用、④親戚訪問などを建前におこなわれる韓国での不法就労、の 4 つに整理できるという。

　以上のように朝鮮族の移動は、現在（いま）になって始まったものではないことがわかる。特に現代に入ってからの大規模な移動は、グローバル化によるものだと言われている。また、中国と韓国との国交樹立によって可能になった上記の③④や各国において移動、定住を可能にした各種法整備が進められてきたことによって、朝鮮族社会の人口流出が問題となり、コミュニティの衰退につながっていることが指摘されている。

　一方、日本への移動は、朝鮮族学校において日本語が教えられていたこと、日本語と朝鮮語の類似性などが要因として考えられている。とりわけ、堤（2012）が言うように、1 世は満州国時代に強制的に日本語教育を受けたこと、その後の世代である 2 世、3 世においては中等教育課程で日本語を第二外国語として学んできたことが、日本文化に関心をもたせたことの理由として挙げられるだろう。次に、朝鮮族の日本への移動を促した背景及び政策レベルでの要因についてみてみたい。朝鮮族の日本への大規模な移動は、現代になってからであるが、尹（2010）によると、東北三省以外に進出した中

国朝鮮族の推定人口（国外に限って）は、韓国に20万人、日本に5万3千人と報告[10]されている。1990年代中盤までは、中国人が日本に入国するためには保証人が必要であり、実際にその情報を知り得たのは大都市に居住する漢族であった。その後、1996年に保証人制度がなくなり、留学生は自国の証明書類だけで日本に留学できるようになった。来日した朝鮮族は、そのほとんどが就学ビザであったという。このことはいっけん、留学を目的としての来日として捉えられるが、金・浅野（2012）が指摘するように日本への留学、就学も、移動先でのアルバイト就労を不可欠とし、貯金・送金を可能にするという意味で「出稼ぎ」的要素を含んでいた。それと同時に、中国に進出した日系企業への就職を視野に入れた将来のステップでもあるとしている。

　このように日本への移動は、出稼ぎや留学が目的であるが、中国国籍であるため、その実態はつかみにくい。日本にやってきた朝鮮族の人たちがどのような人たちなのか把握することは、中国朝鮮族研究会編（2006）『朝鮮族のグローバル移動と国際ネットワーク』での実態調査や尹（2010）や金花芬（2015）のシムト（朝鮮族の会員数が最も多いサイト）を使っての実態調査[11]から、ある程度把握することは可能である。しかしながら、どの層の朝鮮族が来日したのかということまで把握するのは限界があるだろう。当初の韓国への出稼ぎ者と比べると、来日する朝鮮族は、就学ビザという比較的に安定したビザを有し、アルバイト就労規則の緩和（1990年の留学生受入拡大政策）にともなって就業が可能になったこと、日系企業への就職を期待して来日することを鑑みれば、韓国への移動とは異なった属性や階層の人たちが、日本へ移住してきたことが推察できる。

3.　日本国内での多様な教育戦略

　志水・清水編（2001）は、NC間の教育戦略（学校選択や母文化伝達など）の相違をエスニシティレベルで示している点において示唆的である。志水は、3つのエスニックグループ（日系南米人・インドシナ難民・韓国系NC）

間の教育戦略を比較し、その違いを明らかにした。分析では以下の枠組みを
設定し、教育戦略がたてられるまでの過程を提示している。

レベル1：歴史・社会的背景（各グループの社会的位置づけ：出稼ぎ、難民、帰国
　　　　者など）
レベル2：来日のきっかけ（各家族の個別的な来日事情）
レベル3：生活の組織化（どのように日本での生活を組織しているのか：構造的・
　　　　編成的資源の使い方、母国との関係）
レベル4：家族の物語の生成（どのように自分たちの日本での生活を、主観的に定
　　　　義づけているのか）
レベル5：教育戦略の選択（上記要因との関連からいかなる戦略が選びとられてい
　　　　るか）

図2　志水・清水の分析枠組み

　レベル1の「歴史・社会的背景」では、各社会集団の位置づけによって、
ホスト社会での適応や学力達成など異なってくるという、ジョン・U・オグ
ブ【Ogbu, J. U. (1998)】の文化モデルを背景理論として挙げている。ホスト
社会に自発的に参入していった個人や集団と非自発的に参入していった個人
や集団とでは、適応や学力達成に差があるというオグブの知見に依拠してい
る。レベル2の「来日のきっかけ」とは、ビジネスで来日したのか、お金
を稼ぐために来日したのか、という個別の家庭の事情を表している。レベル
3の「生活の組織化」は、サンドラ・ウォルマン【Wallman, Sandra (1984)】
の『家庭の三つの資源』を参照し、家族がいかなる資源を組み合わせて生活
しているのか、具体的には、構造的資源（土地・労働力・資本）と編成的資
源（時間・情報・アイデンティティ）を組み合わせることによる生活の組み
立てを示している。レベル4の「家族の物語の生成」は、自分たちの日本
での生活をどのように意味づけているのか、その意味づけによって、レベル
5の「教育戦略の選択」につながるというものである。
　対象となった、3つのエスニックグループである、韓国系NC、日系南米
人、インドシナ難民についての分析結果をみてみると、韓国系NC（都内20
家族を対象）を対象とした調査では、彼ら、彼女らの日本での生活を親・子
を含めた社会的ステップとして位置づけ、母語保持はアイデンティティのみ

ならず、教養や道具として、帰国の見通しの有無に関係なく、積極的に母語教育がおこなわれていることが指摘されている。また、日本での生活は別天地への移動も含めた社会的ステップの過程であり、同研究では、彼ら、彼女らを「上昇志向ニューカマー」と呼び、家族の物語を「挑戦の物語」と名付けた。

　一方、日系南米人の日本への移動の目的は「出稼ぎ」であることから、目的が達成されれば帰国するといった祖国への「一時回帰」としての物語が形成されるという。あくまで、彼ら、彼女らの日本での生活は2～3年後の帰国を前提とするものであり、帰国後も言語面で子どもが不自由しないよう、母語保持・伝達に関しては積極的だったとの結果が示された。しかしながら、現実的には滞在が長引き、帰国の見通しが曖昧になる中、特定の教育戦略を選ぶことは困難になることが指摘されている。

　インドシナ難民においては、ベトナム、ラオス、カンボジアの各出身間の教育戦略の相違も示され、その相違をもたらすものとして、来日の経緯と主観的意味づけが大きく関与していることが明らかになった。彼ら、彼女らの多くは、ボートピープルとして、あるいは、隣国であるタイなどで長期間難民キャンプを経験し、そこでの過酷な体験が「安住の物語」を作り出した。彼ら、彼女らの移動の大前提は「安全な国」への移動である。それが果たされた結果、総じて日本での生活や学校教育に関しても満足に捉え、母語継承に関しては必要性を感じてはいるものの、家庭内での母語使用以外の術を知らず、また子の消極的な母語使用も相まって積極的態度にはあらわれなかったという。また、インドシナ難民といっても、難民キャンプでの経験の有無、単独での来日後に家族を呼び寄せたのかなど、それら移動経緯の違い、母国での近代教育の有無などが教育戦略の違いにつながっていることが明らかになった。

　一方、額賀（2013）は、ロサンゼルスに居住する日本人家族に焦点を当て、次の二点を明らかにすることを目的に調査をした。一点目は、トランスナショナルな社会空間（異なる社会制度や言説、文化的規範が混在する場）の中で母親たちはどのような教育戦略を編み出し、それは母親のジェンダー役割

や日本人アイデンティティにどのような影響を与えているのか。二点目は、そうした教育戦略のもとで、子どもたちはどのように日本人アイデンティティを交渉し、その過程でどのような能力を育てていくのか。以上を分析するにあたり、以下、図3の分析枠組みを提示している。

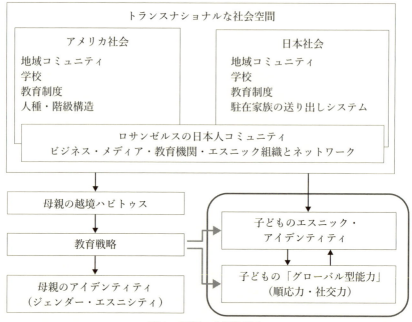

図3　額賀の分析枠組み

　この分析枠組みから額賀は、どのようにして母親たちは越境ハビトゥスを獲得するのかを、彼女たちが生活するトランスナショナルな社会空間との関連で考察している。一番上の枠内は、トランスナショナルな空間を表し、グァニーズ【Guarnizo, L. E.(1997)】の「越境ハビトゥス」の概念（受け入れ国と母国の社会や文化を比較する視点、つまり日本社会とアメリカ社会を比較する視点）を参照している。両者に跨っている枠内はロサンゼルスの日本人コミュニティでのメディアや教育機関、ネットワークなどがトランスナショナルな空間を作り出し、「越境ハビトゥス」を強化する要素として挙げら

れている。それらが、さらに教育戦略につながるという。「越境ハビトゥ
ス」の獲得は、母親のアイデンティティとも連動し、母親役割を強化し、
「よき母よき妻」としての義務を負わされるという。また、越境ハビトゥス
獲得の構造的条件としての移住システム（母国と受け入れ国をつなぐインフ
ォーマントなネットワークや組織、制度）が教育戦略をたてる役割を母親た
ちが自明のものとして受け取るように働いているとしている。右下の太枠
は、子どものエスニック・アイデンティティやグローバル型能力を母親がど
のように捉えているかによって、教育戦略や母親のアイデンティティ（ジェ
ンダー、エスニシティ）相互に影響を及ぼす関係であることを示している。
後者の「グローバル型能力」とは、「グローバル時代の変化に対応した能力
や、グローバル時代に獲得することを期待される能力」と定義され、それを
子どもに身につけるために教育戦略がたてられるというものである。日本人
家族のトランスナショナルな視点や実践こそが「グローバル型能力」の育成
につながっているとして、トランスナショナリズム研究に立脚した分析[12]
をおこなっている。

　以上の先行研究から明らかになったことは、エスニックグループごとの典
型的な教育戦略の違いである。志水・清水編（2001）、額賀（2013）の分析枠
組みは、各エスニックグループの教育戦略を導き出すために有効であると考
えるが、前者の志水の研究では、エスニックグループの典型的な教育戦略を
描こうとするあまり、個人の日本社会での経験や子育てにおける葛藤などが
みえてこない。また、ジェンダーの視点がまったく考慮されていない。一
方、額賀の研究は、ジェンダーの視点を重視し、ロサンゼルス在住の日本人
女性が越境ハビトゥスを獲得することは、同時に母親役割の強化をともなう
ことを、インタビューやフィールドワークから明らかにした点で示唆的であ
る。しかしながら、駐在員家族を対象としていることで、一定の階層の教育
戦略は説得的に描かれているが、仕事以外の目的で渡米した人たちの教育戦
略はどうなのか言及されていない。

　他方、一二三（2006）は、日本人学生及び中国人留学生を対象に、エスニ
ック・アイデンティティの特徴を把握することを目的に、次の二点を検討し

ている。一点目は、日本人学生及び中国人留学生それぞれのエスニック・アイデンティティの構成要素及び構成要素間の関係を明らかにすること。二点目は、エスニック・アイデンティティに影響を与えると思われる諸要因・自尊心・エスニック・アイデンティティの保持及び継承との関係を因果モデルに表し、その妥当性を分析することである。そこで示された興味深い知見の1つに、出自の継承がある。日本人学生においては、「帰属感・愛着」が「伝統行事の保持」「出自の継承」に強く影響を与えていることが明らかになったが、中国人留学生では、「日本志向」によって、エスニック・アイデンティティは弱められ、さらに「出自の継承」(子どもの名前の中国名使用、結婚相手、結婚相手の国籍)に負の影響を与えているという。後者の中国人留学生の結果は、「日本志向」の程度、言い換えれば適応の程度によって、「出自の継承」意識が異なることを意味している。このことは、個々の適応の程度とエスニック・アイデンティティとの関わりを丹念に分析する必要があることを指摘していると言えるだろう。

次に国内におけるコリア系移住者の教育戦略に絞り、教育戦略の多様性にも着目しながら先行研究をみてみたい。

4. コリア系移住者の教育戦略—母語継承と学校選択

4.1 韓国人ニューカマーの教育戦略

朱(2003)は、都内の公立小学校に通う韓国人児童27名、その親14名を対象に母語保持に有効な方法を調査するため、①家庭内の母語使用、②読み聞かせと読書、③メディアとの接触、④母語の勉強、⑤母語での教科学習という5つの方法から母語能力との相関を調べ、③以外の、家庭内での母語使用の継続、就学前に文字学習を終えることなどが母語の保持・育成につながると指摘した。その調査過程で明らかになった点は、入国年齢の高低に関係なく母語力の高い児童は少なくとも週2、3回は母語を通して教科学習をしており、韓国語の勉強をしている児童は全体の85%にのぼり、母語保持・育成に関心が高かったことである。

志水・清水編（2001）の調査（第3節参照）においても、韓国人NCの日本での生活を、親・子を含めた社会的ステップとして位置づけ、積極的に家庭で母語教育がおこなわれているという。また学校選択においては、日本の学校を戦略的に利用し、異文化体験として日本の学校が重視されていたと指摘している。

　朴（2009）は、日本に居住する韓国人父母の教育観に着目し、次の①～③を課題として挙げ、量的調査を実施している。①言語教育観を明らかにすること、②言語教育観は、父母の日本滞在歴（短期3ヵ月～3年、中期3～6年、長期6年～）と関わりがあるのか、③言語教育観は、子どもの教育歴（小中高）によって差があるのか、である。その結果、課題①においては、トリリンガル重視（第1因子）、バイリンガル重視（第2因子）、韓国語重視（第3因子）、日本語重視（第4因子）があらわれた。また課題②の分析結果は、父母の日本滞在歴による言語教育観に有意だったのがバイリンガル重視の1因子のみであり、長期型の平均値が中期型を有意に上回っていることから、長期型の親は中期型の親よりもバイリンガルになることを重視しているとしている。また他の因子は認められなかったという。課題③の分析結果では有意な差は認められなかった。朴は、課題②の結果を受けて、長期型の親は滞日歴が長いほど同化傾向につながる日本語重視でなく韓国語と日本語の2つの言語を重視するバイリンガル重視型であるとした。その理由として、1)親は子どもに対する将来の学校（大学）選択の幅を広げるための教育戦略をとっており、受験の選択地として日本、韓国の両方が可能になること、2)子どもの将来が豊かになること、3)母国にいる祖父母や親族との関わりを重視していること、4)親子間の真の会話として、バイリンガルを重視していることが示された。

　生越（2011）は、東京の韓国系学校に通う中等部217名、高等部141名の計358名（男性178名、女性180名）の生徒（主に韓国人NC対象）にアンケート調査を実施している。その調査目的は、生越（2005）の大阪調査（主に在日コリアン対象）と比較検討することで、在日コリアン（NCも含む）全体の共通点とグループによる相違点を明らかにすることである。これまでの生越

の研究 (1983、2005) から、示された知見を本書の関心に絞ってまとめると、次のようになる。在日コリアンに関しては、①在日コリアンのモノリンガル化が進んでいること、②年上、親しい人ほど韓国語がよく使われること（＝社交語としての役割）、在日コリアンと韓国人 NC の違いについては、①祖国生まれの人では、韓国語が生活語として機能しているのに対し、日本生まれの人では、韓国語は生活語としてよりはアイデンティティを確認する道具として機能し、②言語使用には、本人の出生地の影響が最も大きく、その他 20 年後の居住地、親の出生地が関係していることが明らかになった。以上の調査を踏まえて、今回の調査 (2011) では、子どもの来日時期との関連から日本生まれのグループと韓国生まれのグループ（小学校入学以前／小学校の時期／中学校以降来日）に分け比較分析している。その結果を要約すると、①日常の使用言語、家庭使用言語の選択には、本人の出生地の他、来日時期も影響を与えていること、②特に来日時期は、小学校入学以前か以降かで能力にかなり影響を与えていること、③中学以降来日した子どもは場面による使い分けができるが、日本生まれ、小さいときに来日した生徒は、気楽に自分の使いたい言語を使うことができる場面では、韓国語使用率が低くなること、④相手との使用言語の関係をみると、家庭内ではどのグループも相手が下の世代になるにつれて韓国語使用が減り、家庭外では中学校以降に来日した者以外のグループにおいて、「目上」で韓国語使用率が高く、「目下」で低くなっているとの傾向がみられたとしている。

　一方、学校選択に関する研究では、具・佐野 (2013) が韓国人 NC (7 名)の育児での悩みに焦点を当て、言語や学校選択について KJ 法を使って考察している。特に自文化継承に着目し、日本での育児の際、母文化を伝えるためにどのような方略を用いているのかを課題に挙げている。ここでいう母文化を伝えるための方略とは、学校選択と二言語教育を指す。前者の学校選択では、韓国学校選択希望の背景要因として、韓国語学習、民族アイデンティティ、英語学習が挙げられ、加えて帰国予定、経済的条件が重要になると指摘されている。後者の二言語教育では、二言語教育の難しさを、事例をもとに紹介しながら、母親は子どもの母語能力をもって文化継承を評価している

と示唆されている。他にも、父親の教育方針、帰国予定、経済的条件などが自文化継承の方略に影響があるとしている。この研究では、自文化継承において母親の教育に関する子育て観の影響があることを挙げるが、その子育て観は、日本での生活の長期化、日本人、韓国人との交流によって変容を遂げるという。そして子育て観は、夫の支持によって強化され自信につながり、さらに経済的条件、帰国可能性が影響し、子どもの将来展望を見据えて（教育に関わる）形成されることを明らかにした。

　以上の先行研究から示された点は、韓国人 NC の母語教育の熱心さ、バイリンガルになることへの期待があることである。特に志水・清水編（2001）では、韓国人 NC は母語教育の熱心さだけでなく、韓国人 NC の戦略的な様相を明らかにしている。また、生越（2011）の研究は、実際に民族学校選択者にアンケートをおこない、言語選択の背景要因をマクロな視点から考察し、子どもの出生地と来日時期が影響を及ぼしていることを明らかにした。朴（2009）においてもマクロ的な視点から調査をおこない、親の滞日年数の長期化が子どもの日韓バイリンガルへの期待と相関があることを明らかにしている。

　一方、具・佐野（2013）は、子育ての悩みという観点から、言語教育観に着目し調査をした結果、母親は子どもの母語能力をもって文化継承を評価しているとしている。また様々な要因が自文化継承の方略に影響があることを挙げ、その１つに親の日本での交流を挙げている。しかしながら、具・佐野（2013）の研究を除いて、様々な経験から変容すると思われる親の教育観の様相は、まったくと言っていいほど考慮されておらず、分析もされていないことがわかる。

4.2　朝鮮族の教育戦略

　金英実（2009）は、中国朝鮮族社会は母語継承することができない状況に置かれているとの問題意識から、その問題解決を探るため個人の言語意識を調査することが求められるとし、中朝バイリンガルの言語意識を延辺に居住する１人（A）の朝鮮族の事例から分析をした。インタビューは A の父親に

もおこなっている。分析では、カウンター・バランス説[13]を援用して、朝鮮語、中国語、日本語、英語に対する言語意識を明らかにしている。その結果、朝鮮語に対しては、「朝鮮語で文章を書くのが苦手」「外国語として覚えればいい」などの語りを引用し、その語りの背景には、いくら家庭内、学校内、コミュニティの使用言語が朝鮮語であっても延辺自治州内の公的場面での使用言語、公用文の言語はほとんど中国語であることを挙げている。また、中国社会全体において朝鮮語は少数言語に過ぎないとしている。しかし家庭内では、父親の言語意識「朝鮮族が朝鮮語を話せないほど恥ずかしいことはない」という語りから家庭内では朝鮮語が使用されている。金は、これらの分析から母語継承における重要な知見が示されたとし、母語継承には、言語の力関係を超えて「母語は自己の根源である」ことをまず少数言語話者に気づかせることが大切だと述べている。一方、中国語については「中国語には力を入れないといけない」「文法からきちんと勉強した」などの語りを引用し、その背景を次のように分析している。社会環境においては、延辺という地域では朝鮮語の言語地位が高いこと、同時に国家語(中国語)と朝鮮語の力関係への認識、延辺での中国語話者との「接触」のなさ、朝鮮族学校内での中国語習得の限界、家庭内での父親の言語意識「中国で中国語ができないと何もできない」などから、A は中国語を学び、社会環境、家庭環境、学校環境の中でバランスのとれた中朝バイリンガルに育ったという。

　趙(2012)は、高学歴中国朝鮮族のアイデンティティの変化、家庭内の言語習得状況を明らかにすることを目的に、朝鮮族 23 名(20 代前半～50 代前半)を対象に調査をおこなった。そこで明らかになったことは、朝鮮族の家庭は、中国語を重視する家庭、朝鮮語／韓国語を重視する家庭、日本語を重視する家庭の 3 つに分けられるということである。彼ら、彼女らは 1 つの言語に専念し、また家庭教育を重視し、学校では習得しにくい中国語、朝鮮語／韓国語を家庭教育によって子どもに習得させようとしているという。その 3 つの言語は、居住国の言語、家族の間でコミュニケーションをおこなうための言語、「朝鮮族」や「中国人」という帰属意識を獲得するための言語、今後の移動や子どもの将来の就職に有利になる言語として位置づけら

れ、学校教育だけでなく、家庭教育や塾といった学校外教育を通じて習得させようとしているという。また日本語を重視する家庭では、中国への帰国も視野に入れたときのために日本語が重視されていると述べる。高学歴朝鮮族の人々は、国際移動の中で自分たちの言語資本に目覚め、長期的な視野から子どもたちが激しい競争社会の中で生き残るための一種の生きる力として、自分たちの言語資本を戦略的に次世代へ再生産しようとしていると論考を締め括った。

　一方、日本における朝鮮族の学校選択に関わる研究の蓄積はほとんどされていないが、中国における朝鮮族の学校選択を概観することで、日本国内での学校選択（何を求めているのか）を明らかにするための示唆が得られると考える。中国における朝鮮族の学校選択を取りあげた研究として（尹 2005、本田 2005、趙 2008）などが挙げられるが、大半が言語やアイデンティティとの関わりをともなったものである。その中でも尹（2005）、趙（2008）の研究は、朝鮮族学校[14] や漢族学校選択の背景理由を明らかにしている点で重要である。前者の尹は、学校選択と①学校文化（教授言語、教育内容、教育の質、自宅からの距離）、②出身階層（父親の職業、学歴水準）、③家庭文化【親の民族意識、チェサ[15] の有無、民族衣装の有無、情報量：新聞や雑誌購読及び（経済文化＝収入状況）】の関連に着目し、延辺朝鮮族自治州での質問紙調査（成人男女 200 人）をおこなった。①では、教授言語が学校選択と相関が強かったことが挙げられ、②では、「農民」の 90％以上が朝鮮族学校を選択し「管理職員」は 43％程度で、階層間格差があったとしている。③では、家庭で朝鮮語を使用している傾向が高いほど朝鮮族学校を選択する傾向が強く（逆に漢語使用の家庭は漢族学校選択の傾向が強い）、民族意識が強いほど朝鮮族学校を選択する傾向があるという。また、家庭の情報量及び経済文化の両方が多いほど漢族学校を選択する傾向がみられるとしている。

　趙（2008）は、漢族学校、朝鮮族学校を選択した親へのインタビューから、選択の要因を明らかにしている。具体的には、朝鮮族が漢族学校を選択する第一の要因は、漢語主体社会によく適応（漢語重視）すること、質の高い学校という認識を挙げている。また、語りからは将来の子どもの可能性（チャ

ンス）にも言及している。第二の要因は、朝鮮族学校の廃校によって居住地近くに朝鮮族学校がなくなったこと（地域の衰退）を挙げている。

　一方、朝鮮族学校を選択する要因として、漢族学校に通わせたかったが子どもの抵抗があった事例や、朝鮮族学校への不満（教員の責任感のなさ）から漢族学校に通わせたかったが夫の意向で仕方なしに朝鮮族学校を選択しているケースが紹介されている。

　次に、日本国内での朝鮮族の学校選択に目をやると、学校選択として考えられるものに、日本の学校、コリア系外国人学校（韓国朝鮮系の学校及び韓国系インターナショナル・スクール）、中華学校[16]などがある。金花芬（2015）は、朝鮮族に関わる先行研究を参照する中で、民族教育の考え方や家庭内言語教育戦略を重要な知見であるとしながらも、子どもの言語教育において、学校選択は無視できないにもかかわらず、議論されてこなかったことを指摘する。そこで金は、在日本朝鮮族の教育戦略を家庭内言語の使用状況[17]だけでなく、学校選択に着目し分析をおこなった。分析するにあたって、親の教育歴（朝鮮族学校経験の有無）を整理したうえで、実際の学校選択と、その選択理由について明らかにしている。まず、親の朝鮮族学校経験者20名のうち、日本の公立学校が12名、中華学校と不明が3名ずつ、中国国内の朝鮮族学校から日本の韓国系学校に転校した人と、中国の漢族学校から日本の公立学校に転校した人が1名ずつであったという。また、中国の漢族学校で教育を受けた2名は、子どもを漢族学校から日本の公立学校に転校させている。日本の公立学校の選択理由について挙げられている「　」内の語りを言い換えると、次のようになるだろう。経済的な問題（「私立学校やエスニック学校はお金がかかる」）、配偶者・子どもへのエスニシティへの認識（「子ども／夫は日本人だから」）、言語（日本語）の確立（＝ダブルリミテッド[18]への不安）（「1つの言語で学校に通わせたい」）などが挙げられている。

　一方、中華系の幼稚園や学校を選択した理由としては、中国語の威信性「就職にプラスになるから」「これから中国の時代だから」、世代間のコミュニケーション維持「中国語なら両親も聞き取れるから」などが挙げられてい

る。最後に、韓国系学校に通わせた理由は、日本の高校（朝鮮族学校からの編入）入学には言語の壁があったことから韓国系学校が選択されたという。そして、全体の考察では「在日本朝鮮族の多くが民族や国家にこだわりをもちつつも、子どもが生きていくうえで、言語や知識など、生活戦略として必要な文化資本を獲得させることを最優先課題としている」（2015: 67）と推察している。

　以上の先行研究から次のことが言えるだろう。延辺での調査からは、朝鮮語と中国語習得への態度の違いが明確になったことである。その違いの背景には、言語の威信性への認識があり、中国語は中国で生きていく、学ぶに値する（有益である）言語であるのに対して、朝鮮語はアイデンティティと深く関わる言語だと言える。尹（2005）の研究は、学校選択において、親は教授言語を重視し選択していること、階層間、家庭内での使用言語が何語かによって異なることを明らかにした。一方、日本国内に目を向けると、趙（2012）では、親が子どもの言語習得について、家庭（朝鮮語）と学校（中国語）とに分けて考えていることを明らかにした点は、日本での教育戦略（母語継承）との関わりにおいて興味深い知見である。また、高学歴朝鮮族の国際移動が、自身の言語資本を目覚めさせた点は「移動」そのものが教育戦略とどう関わるのかという視点を与えてくれる。また、金花芬（2015）は、本書では欠かせない数少ない研究であるが、金の知見も基本的には子どもが生きていくうえで必要な文化資本を継承していく点においては、趙（2012）と同じ見解であろう。いずれの研究も、国際移動後の経験を詳細に描いている点では参考になるが、日本人、日本社会との関わりが、教育戦略にどう関わっているのかまでは詳細に考察されていない。

4.3　在日コリアンの教育戦略

　任（2005）は、在日韓国人、在中朝鮮族、在米韓国人を対象に、移住者の言語変容や二言語使用の実態を解明すべく比較調査し、また韓国語の継承（任は「伝承」という用語を使用）などに関する言語意識なども考察している。その結果、明らかになったことは、母語継承の意識調査についてみる

と、「子どもや自分の孫に韓国語を習わせることについてどのように考えていますか」という問いに「ぜひ習わせたい」と答えたのは、「在日韓国人が16.9%、在米韓国人が69.1%、在中朝鮮族が75.8%」(任 2005: 60) という結果になっている。また、家庭内での言語使用状況では、会話する相手の世代によってもその使用率は異なるが、在米韓国人は、全体(相手の世代に関係なく)での韓国語使用は50%以上で、両言語使用(韓国語、英語)を含めると80%以上になる。それに比べると、在日韓国人の場合は、韓国語使用は1.8%、両言語使用でも約11%に過ぎない。また、世代別の韓国語の使用率では、在米韓国人の1世では、全体(相手の世代に関係なく)で60%以上が韓国語を使用している。2世、3世では全体で(相手の世代に関係なく)約30%が韓国語を使用しているという数値が出ており、3国間における違い[19]が示された。また任は、ことばの使い分けを「生活環境」(交際範囲：同胞との付き合いの程度)、「民族的なアイデンティティ」(どの程度韓国人か)、「韓国語の継承意識」(習わせたいか否か)と関連付けて考察している。そして、韓国語の使用率において、「生活環境」「民族的なアイデンティティ」「韓国語の継承意識」が関与していると結論づけた。

　生越(2005)は、在日コリアン(NC も含む)の言語使用意識とその変化を知るために、民族学校(建国中学・高校)の生徒と保護者を対象にアンケート調査[20]をおこなっている。それによると、出生地という属性が、各質問項目に大きな影響を与えていると指摘している。母語継承とも関わりがあると思われる項目のいくつかを挙げると、「韓国語に対する態度」「家庭内の言語使用状況」があり、その調査結果が参考になる。前者の「韓国語に対する態度」では、祖国生まれ、日本生まれの人ともに、そのほとんどが自分の子どもが韓国語を話せることに対して将来プラスになると答えている。しかしながら、後者の「家庭内の言語使用状況」についてみれば、子どもの出生地が大きく関与していることが明らかになった。それは、親が祖国生まれ・日本生まれの場合、家庭内での言語使用状況は、各々、韓国語・日本語中心になるが、子どもが日本生まれの場合、親の出生地に関係なく日常的に日本語が使用されるという。また、親子間の使用言語をみても、子どもが父母と話

す場合、祖国生まれの生徒は韓国語、日本生まれの生徒は日本語で話している。という結果が出ている。

　一方、学校選択において主な選択肢として挙げられるのは、日本の学校と韓国朝鮮系の民族学校である。最近では、従来の民族学校に距離をおいたコリア系インターナショナル・スクール（Korea International School：略称「KIS」）[21]も設立されている。また、民族学校といっても朝鮮学校もあれば韓国系の学校もある。在日コリアンの保護者が学校選択する際、何を求めて学校を選択するのだろうか。中島（2011）は、朝鮮学校への訪問調査と朝鮮学校に子どもを通わせる保護者4名に対するインタビューをおこなった。その目的は、朝鮮学校保護者の学校選択理由や学校に対する考えを通して保護者の教育戦略を検討することである。この調査では、対象者の生い立ち、学校経験にも着目し、朝鮮学校に入れた理由、学校に対する感想や要望、子の将来について聞きとりをおこなっている。対象者の保護者のうち2名は朝鮮学校出身者、1名は日本の公立学校での民族学級経験者、1名は日本の学校出身者であり、それぞれのライフストーリーから朝鮮学校が選択されるまでのプロセスを丁寧に描き出している。調査の結果、朝鮮学校出身者にとっては、自身の朝鮮学校でのプラスの意味づけを支えとして、朝鮮学校を「当たり前」の選択として捉え、日本の学校経験者にとっては、アイデンティティの葛藤を経験する中で、それを回避させるために朝鮮学校が選択されているという。4名とも「安心できる環境で自分が何者かを小さいうちから当たり前のように感じてほしい」という思いを共通してもっている。また学校選択の結果、親同士の関わり（相互扶助、結びつきの強さ）、言語の習得（朝鮮語のイマージョン教育）、少人数制の良さ（子ども同士の関係、教師と子どもの関係）、などが肯定的に捉えられていると指摘している。

　志水他編（2013）の研究では、関西地区の3つのアジア系エスニック・スクールに子どもを通わせている保護者の教育戦略を、保護者のエスニシティ（OC／NC／日本人）に注目し考察することを目的にしている。リサーチクエスチョンとして挙げられているのは、次の4点である。①なぜ民族学校に通わせているのか（欧米では公立学校に通学し民族教育のニーズは課外や

週末のエスニック・スクールで満たそうとするのが一般的)、②どのような教育戦略のもと民族学校が選択されているのか、③民族学校に通わす保護者は民族意識が高く、民族教育を求めているという言説は、どこまで正しく現実を反映しているか、④中華学校、韓国学校、朝鮮学校は個別に論じられてきたが、共通点や相違点があるとすれば、どこなのか、である。

以上の①～④のリサーチクエスチョンとの関連で、在日コリアン、韓国人NCに限って明らかになった点を要約すると次のようになる。①との関連で言えば、対象の学校によって異なるが、在日コリアンの共通点として、概ね親自身の経験(エスニック・アイデンティティ形成過程での経験やエスニックの中核とあるべき言葉や文化の習得が十分に果たせなかったという悔しさ)が挙げられている。そのことが、子どもにはそのようなことで悩んでほしくない、コリアンとしてのエスニック・アイデンティティを肯定的に育んでほしいことが学校選択の要因としてある。一方、韓国人NCの場合、自身の母語継承の手助けしてくれる場所として、エスニック・スクールが選択されている。また、将来子どもが何者かで悩むのではないかと心配する保護者はあまりなく、日本の学校の学習量が少ないことへの不安からエスニック・スクールが選ばれる傾向があるとしている。②との関連では、エスニック・スクールで早期に韓国人アイデンティティを身につけさせ、日本社会へ送り出す準備段階として高校以降は日本の学校を選択するケースが多いことが挙げられている。次に③との関連で言えば、エスニック・スクールへのニーズ(学力や躾などの教育一般、ことば・文化、ホーム感[22]など)は多様であり、民族教育だけに限定されていないことが明らかにされている。これは、民族学校に通わす保護者は、民族意識が高いから、民族教育に熱心という単純化された言説に一石を投じている点で重要な知見であろう。④では、集団(OC、NC)ごとに共通点、相違点が示されている。本書と関連のある部分で言えば、共通点として、どの集団も「ことば・文化」への期待は高い。ただし、OC保護者がエスニシティを構成する重要な要素として「ことば・文化」を求めているのに対して、NC保護者は家族間の言語断絶を避けるためであったり、帰国後の学校の勉強についていけるためであったりとい

った実用的な理由から「ことば・文化」を求めている。また、「ホーム感」
は、OC 保護者によって重視されていたという。

　以上の先行研究から明らかになった点として、任（2005）の言語使用実態
調査からは、アメリカ、中国、日本に居住するコリア系移住者の言語使用の
差異が示された。このことは居住国の外国人政策などによって左右されるこ
とを示している。また、生越（2005）の研究では、子どもの出生地が言語選
択に関与することを明らかにしているが、いずれの研究も個人の内面を解釈
することに主眼がなく、マクロレベルからの実態調査だと言える。一方、志
水他編（2013）や中島（2011）は、なぜ在日コリアンの親が民族学校を選択し
たのか、その理由を詳細に記述しており、親の意味世界を理解しようとする
点でミクロ的な分析だと言える。

5.　民族継承とジェンダー

　前述した教育戦略に関わる言語と学校選択において、親の出身国や日本で
の経験が影響を及ぼし、その結果として様々な戦略がとられていることが想
像できる。しかしながら、男性（父）、女性（母）が子どもの教育に関与する
とき、両者の同意を前提として教育戦略がたてられているとすることは、両
者の関係性を不問にし、あらゆる選択（決定）までのプロセスを覆い隠すこ
とにもなる。本書では、教育戦略だけでなく、チェサなどの文化伝達にも着
目している。ここで、チェサに着目する理由は、チェサが母語の継承ととも
に民族継承の重要な一部になっていたからである。以下、それらに関連する
先行研究を参照し、後の考察につなげていきたい。

　教育戦略においては、教育を全面的に担う母親の姿が示されてきた。石川
（2014）は、韓国人の早期留学を考察する中で、グローバル化要因（英語至上
主義の蔓延）と伝統的要因（高い教育熱）とが相まって早期留学の隆盛につな
がっているとしている。後者は、「教育する母親」の伝統と「父親不在」の
教育を対置させ、性別役割が極めて強く、それは李氏朝鮮時代の伝統的な家
父長制が背景にあることを挙げている。つまり母親にとって子ども（特に息

子）の成長が母親としての存在価値を示すものであるからに他ならない。現代において「キロギアッパ」[23] が生まれる原因がそこにあると言える。

　他方、文化伝達において梁（2004）は、在日朝鮮人社会において、綿々と受け継がれてきたチェサに焦点を当て、その継続によって在日朝鮮人の社会的統合は可能だとの仮説を立て、その可能性とアイデンティティ確立の問題を探ることを課題として分析をおこなっている。また、チェサに焦点を当てる理由に、集団的同質性を表す文化的指標として、アイデンティティ、価値意識、言語など同質性を表す指標は様々であるが、母国語や姓名の存続が困難な状況の中で、チェサが守り伝えられてきたことに注目する。梁は、チェサの分析過程で、チェサが有している潜在的機能を述べている。その機能とは、祖先とつながり、自身の出自意識を確認する機能であるとともに朝鮮半島の伝統文化を理解し、また親族結合のための大きな役割を果たす機能である。また、日本で社会化された 2 世、3 世にとっては、民族性が獲得され、強化される場は家庭内であることを指摘し、民族性を「拡大再生産」させる場として家庭を挙げ、家庭内で執りおこなわれるチェサは、在日朝鮮人アイデンティティの核心と位置づけている。そのアイデンティティの核心となるチェサの背景にあるのは儒教的価値観である。歴史的にみると、儒教の制度化とその完成は朝鮮王朝後期の教化政策の結果によるもので、学制や科挙制度の整備、旌表によって儒教的倫理観が一般化されたことなどが背景にあるという。この儒教的倫理観とは、朝鮮王朝が標榜する「徳治国家」、それを可能にするため儒教の先導者は「修己治人」の倫理を治者に立つものだけでなく衆人に求めた。その衆人に対する基本的対人関係が、「三綱五輪[24]」であり、特に、「父子有親」「夫婦有別」「長幼有序」を柱とする「孝」実践の要求は、「儒教的家族」倫理の中核を形成し、朝鮮王朝 500 年間の家族、親族生活と社会関係を規定したという。この儒教的家族関係では、父子関係が正しく定位すれば、家族の存立基盤が確固としたものになり、社会秩序は安定すると考えられていた。特に長男には、祭祀権、家督権、財産相続権を優先的に配分できるようにした。権威ある家父長の存在、長男優遇という家族観の一般化によって、直系家族（家父長夫婦と長男・長孫の家系継承者、そ

れらの配偶者によって構成）が、「儒教的家族」の基本形となった。女性には、「三従の礼[25]」が求められ、結婚前に「五不取[26]」（娶らない五つの条件：逆家子、乱家子、世有刑人、世有悪疾、喪父長女）、未婚女性への厳しい外出の制限、男性との接触の禁止、結婚の統制、結婚後の「七去之悪[27]」（離婚の七つの条件：不順父母、無子、淫、妬、悪疾、多言、窃盗）という女性への様々な差別的な扱いがあった。梁は、朝鮮王朝時代の儒教的価値観に目を向けながら、現在の在日朝鮮人のチェサは、郷村[28]の一成員である1世が、チェサを異国（日本）で執りおこなうことは自然なことであり、家族親族とともに儒教的儀礼に囲まれた生活世界に生まれ育ったことで、儒教的価値観を唯一正当なものとして受け止めた「聖なる」行動様式であると述べる。また、1世にとって儒教は至高の価値であり、「孝」の実践は生をうけた者として当然のことであると述べ、儒教的価値観を背景としたチェサが在日朝鮮人の家庭で今もなお受け継がれているとしている。

　しかしながら、世代が変わるにしたがって、チェサに対する意味づけも変わってくるだろう。梁は後世代の調査の結果から、今もなおチェサが引き継がれているというが、本当にそうなのか、民族継承の重要な部分だとされてきたチェサを分析し明らかにしたい。また、チェサへの意味づけとは別の観点（ジェンダー視点）からも検証する。

6.　日本におけるコリアンの接触

　第2～5節において、民族継承に関わるエスニシティ研究を幅広くみてきた。そこで明らかになったことは、本書における民族継承を明らかにしていく点で、重要な示唆を与えてくれている。しかしながら、最も大きな疑問は、家族（夫や妻とその親族、子ども）との「接触」によって、民族継承がどのように意味づけられているのか（意味づけられるようになったのか）がわからないことである。先行研究では、歴史的背景、移動の多様性、儒教的価値観などが民族継承に影響を与えていることが明らかになっている。しかしながら、最も重要な存在である家族との「接触」から、どのような影響を

受けて、民族継承が意味づけられるようになったのか、あるいは地域に居住する日本人や在日コリアンとの「接触」がもたらす影響があるのか明らかにされていない。具体的に言えば、大阪という在日コリアンの集住地域での「接触」が、彼ら、彼女らの歴史・社会背景とどのように絡み合いながら、教育戦略に影響を及ぼすのか明らかにされていないのである。コリア系移住者は、日本人、日本社会との「接触」はもちろんのこと、先住する在日コリアンと「接触」する可能性もある。特に、大阪という在日コリアンが多く居住する地域においては、「接触」の可能性も高いだろう。

　この節では、日本人や異なる国で社会化されたコリアン同士の「接触」が、個人の意識変容（民族継承への意味づけの変化）にどう影響を及ぼすのかを比較検討するために、フィッシャー（Fischer, Claude）の「下位文化理論」を取りあげ、その理論を援用した谷（1995）、西田（2002）の先行研究を検討したい。

　まず、フィッシャーの「下位文化理論」は、主に4つの基本命題で構成されている（Fischer 1975）。そこで示された、本書と関わりが強いと思われる命題1〜3をみていく。

　命題1は、都市が都市的になればなるほど、下位文化の多様性は増大するというものである。ここでいう下位文化とは、社会階級、職業集団、ライフサイクル集団、関心を共有する集団のことであると定義されている。命題2は、場所が都市的になればなるほど、下位文化の強度は増大するというものである。強度とは、下位文化的な信念、価値、規範、習慣が存在し、愛着、力があることと定義されている。具体的には、都市の臨界量に着目し、人口が増大することによって、制度的完備がされ社会的紐帯が維持、促進されるというものである。また、集団関係においては、下位文化同士の対照と紛争が増大し、下位文化の強度が増大するという（＝内集団の凝集力を強める）。命題3は、場所が都市的になればなるほど、普及の源泉の数が増大し下位文化への普及が増大するというものである。普及とは、下位文化成員が別の下位文化成員の行動や信念を採用することであると定義されている。またフィッシャーは、世界中のエスニック集団を例に挙げ、アーバニズムは、

エスニック文化を究極的には都市における「合理化」の力によって破滅させるのではなく、様々な下位文化間の結合を生み、個人的接触や価値の伝播を通じて、エスニック文化は持続し、変化していくと述べる（Fischer 1984）。

　しかしながら、フィッシャーの調査をみると、命題2に関して言えば検証したとは言い難い。フィッシャーは、北カリフォルニア地方に居住するアイルランド人、イタリア人、黒人、メキシコ人、ドイツ人などを対象に調査をおこない、コミュニティが都市的であればあるほど、調査対象者が挙げたエスニック仲間の数は多かったことを明らかにした。また、メキシコ系アメリカ人の相対的な集中度が高ければ高いほど、仲間のメキシコ系アメリカ人を挙げる比率が高くなるとの結果を示した。つまり、集中地域では内集団の紐帯は多くなったというのである。特に、特定の集団の集積は、都市度それ自体よりも重要だと述べている。

　命題3に関しては、「伝播」を通して「非通年性[29]」への寛容度は都市において、より高くなると「非伝統主義」（マリファナの合法化や婚前交渉など）への寛容度の高さを示している。また、ヘアスタイルや服装のような物質的でその下位文化にとって周辺的なものは、容易に普及するが、理念や言語など中心的なものはなかなか普及しないとしている。

　以上のことから、命題1に関しては、限定的に同民族間の結合という点で臨界量仮説は指示されていると言えるが、内集団の凝集力を強めることに関しては明らかにされていない。また命題3に関しても、どのようなものが伝播、採用されやすいかを明示しているものの、相互作用過程で展開される意味づけの変化を捉えることには限界があるだろう。

　しかしながら、フィッシャーが提示した諸命題や調査結果は、本書が着目する「大阪」という地域の特殊性（在日コリアンの集住地域）でのコリアン同士、あるいは日本人、日本社会との「接触」において参考にできるのではないかと考える。なぜなら、下位文化理論（命題）はフィッシャー自身も述べているように、エスニシティ研究を参考に導かれているからである。

　谷編（2015）もまた、『民族関係の都市社会学』の中で、「下位文化理論」は在日朝鮮人社会にも、ある程度適用可能であると述べている。具体的に

は、在日コリアンの集住地域である大阪市生野区を例に挙げ、エスニック機関が多数存在していること、また、それらの機関を通してアイデンティティが表出されているという。実際に谷（1995）は、フィッシャーの下位文化理論を援用して調査[30]をおこなっている。また西田（2002）は、生活史インタビューで得られた語りから、エスニシティの顕在と潜在の条件を探っている。その研究で明らかになった点は、学校における民族差別はエスニシティを潜在化させること、地域社会におけるエスニシティの顕在と潜在という観点からは、地域における同胞数、日本人との混在の度合いなどによって、生活に民族的な様相が表出されるか否かに違いが生じているという。具体的には、在日コリアンの集住地域では、民族色豊かな結婚式や宗教的行事が営まれ、民族性が表出されているという。一方、集住地以外では、日本人社会における潜在化圧力を受け、民族性の顕在化が抑制された事例を示している。

以上から、西田は「集住地効果[31]」があるとし、どのようなメカニズムで生じるのかを、「下位文化理論」を手がかりに検討している。具体的には、「臨界量」を超える人口集中と下位文化間の「接触」の 2 つから検討しているが、前者の「臨界量」おいては、在日コリアンの集住地域では、エスニック・ネットワークが形成され、エスニック機関の 1 つとして民族学校が建設、維持され、民族学級・民族教育（民族意識の形成）の促進につながっていることなどが挙げられている。後者の下位文化間の「接触」は、緊張関係、「文化的衝突」によって、下位文化は強化されることを、日本人による民族差別を経験した者が「日本人に負けるな」と敵対感情を強くもったり、子どもを民族学校に通わせる選択をしたりすることを例として挙げている。また、下位文化間の「接触」は、対立をもたらすだけでなく、相手の文化の要素を取り込み、伝播と修正が生じ、さらには民族的な境界を越えた関係が形成され、メンバーから脱退する者もいるとし、日本社会への同化などが、それにあたるとしている。

以上のような下位文化理論を援用した先行研究はあるものの、下位文化理論そのものへの批判、分析の不十分さを指摘[32]する声もある。前述したフィッシャーのエスニック集団を対象とした調査（Fischer 1982）は、都市度と

の関わりから、エスニック集団内の成員間の関与度、外集団との交際相手数を明らかにしているのみである。

本書での関心は、下位文化理論の全体を検証することではなく、むしろ命題2、3における下位文化間の「接触」に焦点をあて、その「接触」がもたらす意識の変容過程（伝播―修正―採用）に着目しているところに下位文化理論との接点がある。そういう意味において、谷編（2015）が指摘する下位文化間の関係の分析の不十分さ、命題3の下位文化成員間の普及や文化衝突の分析の不十分さを部分的に補うことになるかもしれない。

以上のことから、本書のコリア系移住者においても、日本人、日本社会との下位文化間の「接触」からの伝播や修正をともなう個人の変容を捉えるうえで、フィッシャーの理論、それを援用した先行研究を参照することは分析の一助になると考える。

7.　先行研究の検討と目的

この節では、先行研究からの知見を検討し、本書の分析上の視点を提示したい。まず先行研究をみる限り、次のような視点の違いがある。1つは、言語・学校選択の背景要因をマクロな社会文化的要因（出生地、地域の現状、時代背景、母国での少数民族政策など）との関連を主眼におくものと、もう1つは、ミクロ的な視点から親の意味づけに着目しながら、言語・学校選択要因を探ろうとするものがある。それらの先行研究で明らかになった知見は、親、子の出生地、地域性（集住地域か否か）、出身階層、経済状況、民族意識の強弱、国や言語への威信性への認識、言語への意味づけ（道具的か否かなど）、母国や日本社会での経験などの様々な要因による影響から教育戦略がたてられていることである。

韓国人NCを対象にした先行研究では、韓国人の育児上の悩み（二言語教育や学校選択）、また母語教育の熱心さが示されてはいるが、その対象となる家族は一時滞在者や韓国人NC同士の父母が多く、在日コリアンや日本人と結婚した家庭への調査は少ない。仮に、相手のエスニシティいかんにか

かわらず、母語教育に熱心であったとしても、その内実（意味づけ）は異なるだろうし、時間軸に沿って（様々な経験＝接触を経て）意味づけも変化していくだろう。

　朝鮮族 NC においても、趙（2012）の研究において、朝鮮族の言語戦略という文脈からは、朝鮮族の親は子どもの言語教育を計画的に考え、実践しているということがあたかも朝鮮族の特徴として描かれているが、そもそもそれができるのは、一定の経済力、子どもとの関わりを十分にもてる環境であることを忘れてはいけない。もちろん、そのような条件をもたなくてもそうだというのならば、その部分も考察されなければならないだろう。いくら高学歴であっても、日本での生活は不安定である（経済的不安定）などの面も描いてこそ、多様な朝鮮族の教育戦略を明らかにすることにつながると考える。また、教育戦略は、子どもからのフィードバックや親自身の経験から意味づけや実践も変化していくだろうし、さらに夫（妻）との関係も重要になってくることを思えば、ジェンダーの視点も必要になってくる。

　一方で、在日コリアンに関する先行研究で示したいくつかの知見からは、日本人と在日コリアンとの非対称性が如実に表されていることがわかる。非対称関係によって、自分たちの文化資本（言語など）を活かして日本社会に参入できなかったことが、モノリンガル化を促した一因であると言える。在日コリアンは、厳しい差別とその眼差しのもと、ルーツを隠し生きてきた。その一方、その差別への抵抗として一部の人たちは民族性を前面に出し、ある者は、民族学校に子どもを通わせ、民族の継承に努めている。在日コリアンがつくった民族学校は、日本社会からの子どもたちの避難場所としての機能、エスニシティが承認される温室としての機能をもちながらも、朝鮮学校においては一条校ではないことでの様々な制度上の差別を受けている。

　また、在日コリアンの言語使用実態調査をみる限り、日本語へのシフトはほぼ完了していると言えるが、日本社会との関係性の中で捉える必要があるだろう。本書において重視するのは、そのような関係性の中においても、なぜ、民族学校に子どもを通わせているのかを明らかにすることである。前述した任の研究は、言語観や言語使用実態を知るためにおこなわれただけに、

親の学校への期待、民族継承において何を重視しているのかという親の内面は考察されていない。あくまでも、在日コリアンの言語使用実態が研究の主目的であり、韓国語の継承意識も調査されてはいるが、なぜ子どもに韓国語を習わせたいと思いますか、を問うだけでは不十分であろう。生越の一連の研究では、韓国人 NC にとっての韓国語使用は生活言語として機能しているのに対し、日本生まれの在日コリアンの韓国語使用は、アイデンティティを確認する道具として機能していることを明らかにしたことは興味深い。しかしながら、言語使用実態の把握に主眼があることから、民族学校に通わせている親の内面（意味づけ）はみえてこない。生越（1983）は、在日コリアンのモノリンガル化を促す要因について、日本社会の朝鮮人に対する根強い偏見や朝鮮語をめぐる経済的な側面（朝鮮語を話せることによって経済的利益が期待できない）などを挙げた。しかしながら、世代のシフトや社会状況の変化などを鑑みれば、新しい世代の親の継承意識の変化、学校への期待といった側面にも着目することが重要になってくる。また、前述した任や生越の研究では主題にされなかった親の内面の考察は、志水他編（2013）の研究では描き出されており、教育戦略をめぐる親の葛藤や思いなどのミクロな部分が理解できる。その研究は、志水・清水編（2001）において踏み込まなかった各エスニックグループ内の教育戦略のバリエーションを詳細に描き出すことに成功しているようにみえる。

　本書においては、志水他編（2001、2013）の知見に大きく依っているが、志水の一連の研究でのアプローチの仕方との違いの1つは、ジェンダーに焦点を当てている点、もう1つはコリア系同士の「接触」に焦点を当てている点である。ジェンダーの観点から言えば、家庭や学校での教育戦略や文化伝達の実践は、その役割を担う者にとって大きな負担やストレスをもたらすことにもなる。前述した伝統的価値観は、女性が日常的に子どもの教育に関わる状況を作り出し、チェサなどの文化伝達における女性への負担を強いている面もある。先行研究では、教育戦略や文化伝達における性別役割やその背景にある伝統的価値観にまで切り込んで考察されてはいない。あらたな知見を得るためには、教育やチェサなどの文化伝達において展開される民族

継承に関与する女性役割や夫との関係性について検討する必要がある。

「接触」の観点から言えば、コリア系移住者が「大阪」という在日コリアンの集住地域で出会い、特に NC の韓国人や朝鮮族が先住していた在日コリアンからどのような影響を受け、それが教育戦略にどう影響を及ぼしているのか、「相互作用」に着目して明らかにする必要がある。また、「民族」というものに焦点を当てることも必要である。「民族」そのものを問うことによって、コリア系移住者にとっての「民族」なるものの中身において、何を重視するのか、それが子どもの民族継承にどのように関わっているのかを検討する術を与えてくれる。そのことによってコリア系移住者の比較が可能になると考える。さらに、「民族的アイデンティティ」を考察することによって、民族意識が強い人は民族教育を望むという言説に対して、検証することが可能になると考える。つまり、民族意識の強弱との関わりと個人が拠って立つ「民族」（民族を構成する重要な要素）が教育戦略を含む民族継承にどう関わっているのかも考察の対象としたい。

以下、あらためて本書での課題についてまとめたい。

【課題1】：移住者の歴史・社会的背景が、教育戦略に大きく影響を及ぼしているという志水の知見を踏まえ、移住の背景、移住者の社会的位置づけを把握し、そのことと教育戦略との関わりを考察する。特に、移民の移動理由の多様性に着目し、教育戦略との関係を分析する。

【課題2】：社会的上昇のための教育戦略だけではなく、上昇とは異なる別様の戦略に着目しながら、教育戦略の内実を明らかにする。具体的には、親は、日本社会での上昇のため、複数の言語習得や異文化体験させることでグローバル型能力を身につけさせようとすることが考えられる。しかしながら、上昇とは別様の言語習得（母語継承も含む）、学校選択の意味づけも考えられることから、教育戦略の多様性や意味づけ（変化も含めて）に着目して考察する。

【課題3】：教育や文化伝達における性別役割を明らかにするため、ジェンダーの視点で考察する。具体的には、民族継承の大きな担い手としての女性の役割、それへの意味づけ、さらに在日コリアン家庭の民族継承に組み込ま

れる NC 女性について考察したい。なお、文化伝達は、チェサに焦点を当てていることから、チェサへの意味づけの違いを明らかにするうえで、既婚、未婚問わず在日コリアンを考察の対象とする。

【課題 4】：【課題 1】～【課題 3】を明らかにしても、なお解けない疑問が残る。それは、親たちが様々な社会関係の中で生活し、特に移民であるがゆえに様々な文化接触を経験することが、教育戦略にどのように影響を与えるのか、という点である。また、在日コリアンは差別のなかで生きてきた歴史があるが、近年、日本には韓国からの NC や中国からの朝鮮族 NC が増えている状況下、韓国朝鮮系移民の民族的アイデンティティという大きな括りでは理解できない複雑さがある点である。以上のことを鑑みたとき、越境した NC が移住後、日本社会での「接触」を含む経験、あるいは、日本と母国との比較を通して形成された越境ハビトゥスが子どもの教育戦略とどう結びついているのかを明らかにする必要がある。一方、越境経験していない在日コリアンに関しては、様々な「接触」において形成された民族的アイデンティティが実際の教育戦略にどのように作用しているのか。あるいは、民族意識の強い者は民族教育を望むか否か、その内実を明らかにする。

【課題 5】：【課題 1】～【課題 4】で明らかになった 3 者間の比較をおこなう。

8. 本書における主要概念

　この節では、①「母語」の定義及び本書の分析上でのキー概念②～⑤について説明する。①「母語」については、湯川 (2006) が、スクトナブーカンガス【Skutnabb-Kangas (1981)】が述べた母語の基準を例に挙げて次のように説明している。母語が何語であるかを決めるのに、従来から 4 つの基準のどれかが使われてきたという。その 4 つとは、(1) 出所 (origin—第 1 番目に学ぶ言語)、(2) 能力 (competence—もっともよく知っている言語)、(3) 機能 (function—もっともよく使う言語)、(4) 態度 (attitude—自分が帰属意識のもてる言語、他者から見てその言語の母語話者であると判断してもらえる

言語)である。どの基準を用いるかは、目的と学問領域によって異なり、(1)〜(4)はそれぞれ、(1)社会学、(2)言語学、(3)社会言語学、(4)社会心理学が伝統的に用いたとする。さらに(1)以外は、どれがもっとも母語らしい母語かは成長過程で変わる点を強調している。また母語の特徴として、①生後第1番目に触れた、家族とのコミュニケーションが十分とれる言語、②最初に読み書きを習う手段として最も適した言語であり、学校教育の初期段階で新しい知識を獲得するツールとなる(あるいはツールとすべき)言語、③広範囲の領域において、高度に発達していく(もしくはその可能性をもつ)言語、④文化的、心情的に帰属意識をもてる言語、である。以上の母語の特徴に従えば、韓国人NCの母語は、多文化家庭で生まれ育っていない限り「韓国語」であるが、朝鮮族、在日コリアンの場合は、どれか1つの言語を母語と定義するのは困難である。しかしながら、本書で「母語」と表記する際には、上記の母語の特徴を1つでも備えているとの判断から、朝鮮族の母語は「朝鮮語」、在日コリアンの母語は「韓国朝鮮語」という意味で使用する。なお、語りで使用された用語は、そのまま表記することから、「朝鮮語」、「韓国語」が混在していることを予め断っておく。

②「越境ハビトゥス」は、母国と受け入れ国、両方の社会制度と文化を視野に入れる「二重の認識枠組み」と定義されている。額賀(2013)は、それを国際移動する人々が意識的、無意識的に身につけて行く適応能力の1つとして捉えることができるとし、人々は、越境ハビトゥスを通じて能動的に状況に働きかけ、トランスナショナルな教育戦略を創造・実践していくことが可能になると述べている。本書において、韓国人NC、朝鮮族が越境を通して身につけた「越境ハビトゥス」と教育戦略とを結びつけるうえで重要だと考える。

③「民族的アイデンティティ」は、平ほか(1995)によると、「民族的自己同定」、「基底的な民族的アイデンティティ」、「民族的アイデンティティの状況シフト」の3つに整理できるという。「民族的自己同定」とは、「自分、及び、他者が共通に認める客観的(あるいは間主観的)な出自に由来する、自分は何々民族に属す、という知識」であり、「基底的な民族的アイデンテ

ィティ」とは、自分が所属すると自己同定する民族集団の諸特徴を十全には
兼ね備えていない場合、「自分は何々民族の一員である（べきである）」とい
った選択的な意思が働き、そのような意思的な民族意識を保持することであ
る。「民族的アイデンティティの状況によるシフト」とは、対人関係の状況
の中で、一時的に自分の民族的アイデンティティ意識の強弱が変化すること
をいう。本書の関心は「民族的自己同定」、「基底的な民族的アイデンティテ
ィ」であり、親が民族構成要素としての言語や国籍、価値などに対して何を
重視し、また自身が同定する民族集団の諸特徴を兼ね備えているか否かの認
識が重要になると考える。

　④伝統的価値観とは、朝鮮半島の人々が共有していると思われる対人関係
のルールを定めた儒教的価値観を意味する。この価値観とは、「父子有親」、
「夫婦有別」、「長幼有序」を柱とする「孝」実践の要求を衆人に求めるもの
であり、また性別役割分業が極めて強く、女性には、「三従の礼」が求めら
れるといった様々な差別的な扱いも含まれている。本書において、教育戦略
や文化伝達（チェサ）を取りあげるうえで、この儒教的価値観がどのように
関わっているのか、ジェンダー視点から明らかにすることが極めて重要にな
ると考える。

　⑤「教育戦略」を志水・清水編（2001）は、ブルデューの戦略概念を参考
に、教育戦略を「各社会集団の再生産戦略の一環をなすもので、意図的のみ
ならず無意識的な態度や行動をも含む幅広い概念」と定義している。また志
水他編（2013）では、ブルデューの『実践感覚』の一節を引用し、ブルデュ
ーがハビトゥスと教育戦略を同一の概念として位置づけているとした。本書
でも志水の定義を参考にはするが、村田（2014）の実践感覚[33]の議論から導
き出されたハビトゥス論を下支えにし、「戦略」という概念を使用したい。
村田は、ハビトゥス論の再検討で、従来のハビトゥスに対する理解では、ハ
ビトゥスは身体化された過去と同一視され、実践感覚は行為者が身体化され
た過去に憑りつかれておこなう無意識の実践感覚になるという。しかしなが
ら村田は、実践感覚を身体化された経験にもとづく「感覚」というだけでな
く、実践の展開の中で、意味＝方向（sens）が、主観と客観のあいだを往復し

ながら獲得・再獲得されるプロセスであると述べる。また行為者の能動性に着目して、「自ら意味や未・来を見い出した結果、行為者は既存の社会秩序に抵抗することもあるだろうし、逆に不平等な構造を再生産するような実践もある」と指摘する（2014: 94）。村田の議論は、従来のブルデュー理論を単なる再生産の帰結として捉えるのではなく、身体化された過去にもとづいていながらも、そこに行為者の創造性を見い出そうとしている。村田の行為者の創造性に着目する視点やあらたな実践感覚の捉え方は、本書における行為者の戦略や実践の過程を分析するうえで参考になると考える。

注

1 ブルデューの資本概念には、大きく経済資本、文化資本、社会関係資本、象徴資本の４つの種類がある。その中の文化資本とは、行為者がもっている「文化」が資本になるという意味である。その中には、教養や正統的文化への親しみ、知識といった身体化されたもの（＝身体化された資本）、所有する絵画といった客体化されたもの（＝客体化された資本）、学歴など制度化されたもの（＝制度化された資本）が含まれる。

2 社会空間に存在する諸権力は、自らの存続のために何らかの戦略を通して、この秩序を保守あるいは転換しようとするもので、再生産戦略はこうした支配をめぐる抗争、支配をめぐる諸行為者間の動態的過程のなかに位置づけられると解釈している。

3 ブルデューが述べる戦略は、『結婚戦略』（2007）において言及（例示）したゲームの「手」と経済的利害から理解できる。それは、彼が子どもたちの結婚をトランプの「手」として捉え、結婚戦略（戦略としてのカードの使い方）は常に―少なくとも最も恵まれた家族においては、単なる結婚ではなく「良い結婚」をなすことを目的（＝利益の最大化）としていることから理解できる。

4 本書では「エスニシティ」と「民族性」を同義として使用している。また、先行研究で「エスニシティ」「民族性」と表記している場合は、それぞれの研究で使用されている用語を使用している。したがって、厳密に用語を統一しているわけではないことを予め断っておく。

5 第二次世界大戦後に結成された在日朝鮮人の全国組織で、「新朝鮮建設に献身的努力を期す」「在日同胞の生活安定を期す」「日本国民との互譲友誼を期す」などを綱領とした。

6 1948 年文部省は、「教育基本法」や「学校教育法」に抵触するとして朝鮮人学校を認めないという内容の通知を出した。それを受け、大阪府は朝鮮人学校閉鎖命令を出し、在日側の抗議活動が展開される中、同年 4 月に起こった事件である。この事件では当時 16 歳の少年が警官によって射殺されている。

7 民族学校の概要は、志水他編 (2014) に詳しい。

8 柳 (2013) は、韓国人女性の移住（文化的逃避／避難）を、①韓国の構造的貧困からの逃避／避難、②女性の経済上の地位と「IMF 金融危機」からの逃避／避難、③女性をめぐる社会規範からの逃避／避難に分けている。

9 跨境生活圏とは、国家間における境界の存在にもかかわらず、比較的自由にヒト、モノ、カネ、情報が移動可能な経済・社会的ネットワークを含む生活領域のことである（権 2011）。

10 地域別では、東京に 2 万 2 千人、横浜・静岡に 9 千人、大阪・神戸に 8 千人、愛知・三重・岐阜に 3 千人、東北・北海道に 1 千人、九州・四国に 1 千人が居住しているという。

11 尹 (2010) は、シムトから 5 つの家族を取りあげ、生活形態の詳細な分析、2006〜2010 年までの教育に関する記録を整理し、紹介している。金花芬 (2015) は、シムトの「日本体験手記」掲示板に注目し、朝鮮族の日本生活の現状と掲示板の役割について述べている。

12 額賀が明らかにした日本人の母親が身につけている「越境ハビトゥス」とは、①国境を超える想像力と計画力の獲得（日本への帰国後の子どもの適応問題、子どもの将来を第 3 国、例えば帰国後のアメリカへの再定住や他国への移住を構想）、②国際比較する認識枠組みの獲得（子どもがアメリカで何を得られたか、得られなかったかを比較して、帰国までの限られた期間の中でアメリカの利点を活かした生活設計を計画）、③同時志向性の獲得（日米 2 つの社会との関わりを維持しようとしていること。具体的には日本との関係を維持しつつアメリカ社会に溶け込みたいコスモポリタン欲求と母語・母文化喪失の同化圧力への抵抗を示し両国のつながりの維持を志向するもの）である。

13 この理論は、母語の上にもう 1 つ有用なことばが加わり、アイデンティティがくずれない二言語接触の環境を作り出すことを目的に、子どもを取り巻く社会環境、家庭環境、学校環境で、どのようなことばを使ってその言語への接触量や接触の質を人為的にバランスよくできるのかを示したものである。

14 尹 (2005) によると、朝鮮族学校には漢語を共通語とし、教科で民族語を学習する学校と民族語を教授用語とし、教科で漢語を学習する学校があるという。延辺にある朝鮮族の小学校のほとんどが後者であるという。

15 一定の方式で食べ物を供えておこなう儒教的先祖祭祀をいう。

16 志水他編 (2014)『日本の外国人学校』によれば、2013 年現在、東京中華学校、横浜山手中華学校、横浜中華学院、神戸中華同文学校、大阪中華学校の 5 校が存在し、華僑子弟の中国人としての自覚を確立させること、文化を伝授することを主

旨としているという。

17 家庭内使用言語については、世代間で使用する言語の差、被調査者は家庭におい
て朝鮮語を継承させようとしていることやその理由を明らかにしている。(金花
芬 2015)

18 2つの言語どちらも年齢相応の言語能力がついていない状態のことをいう。

19 中国では東北三省(吉林省・遼寧省・黒龍省)に朝鮮族が多く居住し、中国政府の
少数民族政策(各民族には自分の言語文字を使用・発展させる権利が存在する)の
もと、総計 1,100 校に及ぶ朝鮮族学校がある。そこに通う学生は民族意識も高
く、家庭・学校ではコリア語を使用するのが通例であるという。米国において
は、移民法発効(1968)以降、多くのコリアンが米国へ移住するようになったが、
彼らの多くは韓国の生活方式や文化をある程度維持しながら適応するケースが多
く見られ、また在米コリアンがコリア語を学ぶ有利な環境として、大学入学適正
審査(SAT II)にコリア語が追加されたことでコリア語を学ぶ有利な環境も指摘
されている。一方、日本では第二次世界大戦後、日本に残ったコリアンが自分た
ちの言語・文化を取り戻すために民族学校の建設に取りかかったが、日本政府は
民族学校を承認せず、日本の学校への就学を義務づけ、それに対する反対運動を
鎮圧し(朴 2007)、また、朝鮮への根強い偏見や民族学校への扱いなどがモノリ
ンガル化を促したとも指摘されている(生越 1983)。

20 1981 年の前回調査(生徒の保護者及び夜間中学に通う人が対象)と比較している。
今回の調査での成人対象者の属性は約半数が日本生まれ、3 割弱が祖国生まれ(滞
日年数から)、その 3 割弱のほとんどが NC であると推測している。

21 2008 年に開設した中高一貫校で 2011 年度から各種学校となったコリア国際学園
を指す。

22 「ホーム感」とは、自身のルーツや名前やエスニシティがあるがままに承認され、
そうした「違い」によるいじめや差別を受ける恐れのない、「同胞」に囲まれた
「安心感」の持てる場という感覚と定義されている(志水他編 2013)。

23 幼い子どもを留学させるため、母親が同行し父親は韓国に残って生活費や教育費
を送金する、そのような父親をキロギ(雁)アッパ(父)と呼ぶ。

24 「三綱」は、君は臣の綱、父は子の綱、夫は妻の綱のことで、忠・孝・貞の従属
関係を表す。「五倫」は、父子間の親愛、君臣間の正義、夫婦間の区別、長幼間
の序列、朋友間の信義のことである。

25 結婚するまでは父の、結婚後は夫の、夫の死後は長男の支配を受けるという意味
を表す。

26 ( )内順に、謀反人を出した家、家庭の乱れている家、代々罪人のある家、悪質
の遺伝病者、父を失った長女。

27 ( )内順に、父母に従順でない、子が生まれない、品行が悪くてみだら、嫉妬深
い、悪い病気がある、おしゃべり、盗み癖がある。

28 「郷」とは朝鮮王朝時代の郡懸地域のことで、京師(首都圏)外の行政区域の総称

であるため、首都圏以外の地方という意味で使われた (梁 2004)。

29 「逸脱」していると考えられているもの(非行少年や同性愛者など)、「変わっていると考えられているもの(芸術家や新興宗教の教団の宣教師や知識人など)、伝統やぶりであると考えられているもの(ライフスタイルの実験者など)を指す。下位文化理論では、これらの下位文化は社会解体をもたらすのではなく、あらたな社会的世界の形成を意味するという (Fischer 1984)。

30 谷 (1995) は大都市圏の在日韓国・朝鮮人社会において強度をもって普及している多様な宗教、特に①朝鮮寺、②儒教(祖先祭祀)、③キリスト教について、「アーバニズムの下位文化理論」で分析している。

31 西田 (2002)「エスニシティ〈顕在—潜在〉のメカニズム」『民族関係の都市社会学』(谷富夫編) は、民族を同じくする人々が特定の地域に多数居住することで民族性を表出することが可能となり、同時に、日本人との間にも比較的良好な関係が取り結ばれることを「集住地効果」と呼んでいる。

32 谷 (2015) は、下位文化理論はいまだ生成過程の理論だとして、下位文化間の関係の分析が不十分だと指摘している。田村 (2015) は、命題 2 の「衝突」仮説において、下位文化間内部での凝集性が高まるプロセスをフィッシャー自身の調査では何も検証していないと指摘している。また樋口 (1996) は、命題 1 の「臨界量」仮説において、下位文化を支える制度を生み出すのは、厳密に言えば人口ではなく資源であり、人口は臨界量達成を規定する変数の 1 つでしかないと述べている。

33 村田 (2014) は、ブルデューの議論を検討し、新しいハビトゥス・実践感覚理解の可能性を探り、実践感覚 (sens pratique) の「sens」に「感覚」以外に「意味」と「方向」の意味があることに注目し、議論を展開している。

第2章　韓国人ニューカマーの民族継承

1.　調査概要

　対象者は、韓国人 NC8 名（男 2 名・女 6 名）である。表 2 は、対象者の属性、学校選択（希望）、表 3 は、家庭内言語使用状況を表している。対象者は、筆者の知り合い及び、知人から紹介してもらった。調査時期は、2007～13 年である。調査方法は、半構造化インタビューをおこない、移動の経緯、母語継承意識、日本社会や家庭での経験などを聞いている。インタビュー時間については、1 人あたり約 1 時間 20 分～2 時間 20 分である。なお、調査対象者で、経済的理由で民族学校を回避した／しようとしている者はいなかった。

表 2　対象者の属性[1]

対象	国籍	性別	年齢	家族構成	家族（国籍）	滞日年数	職業	学歴	学校選択
A	韓	女	20代	夫【在日】(30代) 子(1)	夫(韓) 子(韓)	約 5 年	なし	短大	民族希望
B	韓	女	20代	夫【在日】(50代) 子(1)	夫(韓) 子(韓)	約 2 年	なし	高校	民族希望
C	韓	女	60代	夫【在日】(—) 子(32/28)	夫(韓) 子(韓)	約 33 年	自営業	大学	民族
D	韓	女	20代	夫【日】(30代) 子(妊娠中)	夫(日) 子(重)	約 4 年	なし	短大	日希望

E	韓	女	40代	夫【日】(40代) 子(12)	夫(日) 子(重)	約13年	教員	大院	日
F	韓	女	40代	夫【NC】(40代) 子(22/18)	夫(韓) 子(韓)	約15年	宣教師	大学	I
G	韓	男	30代	妻【在日】(30代) 子(1)	妻(韓) 子(韓)	約6年	自営業	大学	民族希望
H	韓	男	40代	妻【NC】(—) 子(高1)	妻(韓) 子(韓)	約4年	教員	大院	日

表3　家庭内の言語使用状況

対象者	A	B	C	D	E	F	G	H
夫婦間言語	日	日	日	日	日	韓	日	韓
親子間言語	日　韓	日　韓	日	—	日	韓	日　韓	韓

2.　教育戦略——母語継承と学校選択

　この節で着目するのは、①韓国人NCの移動の背景、②身近な人物との接触、③日本社会での経験(母国との比較も含む)である。それらが教育戦略にどのように関わっているのか、考察していきたい。

2.1　日本への移動——自発的移動と韓国社会からの逃避

　本書の対象者の来日目的は、①留学(A、D、G)、②仕事(F、H)、③結婚(B、C、E)に分類できる。韓国人NCの滞在形態は多様であることは政府統計[2]からわかる。本書対象者においても来日目的や滞在形態は多様であり、各々の内実は複雑である。自発的移動として括れない非自発的移動の要素をともなっている。ここでは柳(2013)が提示した「文化的逃避／避難」の概念[3]を援用しながら、移動と教育戦略との関わりを考察する。

　本書の対象者は、結婚や留学、仕事のため来日し、F、Hを除くすべてのNCは、来日後に子どもを生み日本で家族を形成している。

　Bは、ふたまわり以上歳が離れた在日コリアンの夫と結婚している。夫と

は、仕事を通じて韓国と日本を行き来していた際に出会っている。後に韓国の両親に夫を紹介するも、その後すぐに日本での生活を始め、両親の同意なしに結婚し子どもを生んでいる。Ｂは、そのことへの後ろめたさがあり、また歳が離れた夫との結婚を韓国の友人には誰１人として伝えていない。Ｂは、「友達とかに電話したらすぐ、友達に『結婚したの？』とか言って『お仕事は何するか』『相手は何歳？』とか、それがしたくない。やっぱり、私は結婚の籍を入れて、あと結婚してから子ども生まれたけど、みんな、なんか、あの誤解する」と語っている。Ｂは、歳の離れた夫との結婚に対して、友人から理由を聞かれたりすることへの煩わしさを避けるために結婚したことを言わないでいる。また将来の居住地については、「もし主人と別れたり（した場合）、歳が離れてるから、（中略）女が赤ちゃん連れて２人で住んでいるイメージ、イメージっていうか、韓国の文化は優しくない」と述べ、韓国に帰国して母子で生活することの困難さを想像する。この困難さは、韓国社会において父親不在で母子だけで生活することからもたらされるものである。その背景には、様々な偏見が考えられる。柳（2013）が指摘するように韓国ではいまだ離婚女性に対する風当たりが強い。たとえ死別であっても離別だと勘ぐられる、あるいは死別したことを説明しなければ理解されない煩わしさを感じているのかもしれない。

　Ｃは、1970 年代に結婚目的で来日した。当時ビザをとることは非常に難しかったが、何とかビザを取得し１ヵ月の滞在期間に結婚相手を見つけ日本に住むようになった。そこには、当時の韓国の経済状況など移住を促すプッシュ要因が存在していることが推測できる。これに加えてＣにとっての移動は、自身の生活を向上させるためであったと言える。逆に言えば、韓国では経済面から生活を向上させることは不可能であり、韓国社会からの逃避という側面も含んでいる。Ｃは当時を振り返り「来たいというのは、75 年度やから、（以前に）韓国は戦争があったしね、すごく苦しい、生活が、そやから先進国で何か、習わなあかん」と、先進国への憧れがあり、定住することを目的に来日している。

　Ｄは、留学目的で来日し、日本人男性との出会いから結婚にいたってい

る。彼女のような留学目的は、一見自身の自己実現的な要素が強く含んでいるように思われる。しかしながら語りの中からは韓国社会での生きづらさの一面に触れ「（日本では）自分がちょっと嫌やなっていうときは、こう、（日本人と）関わらなくてもいいっていうことがあるから」と、日本社会との比較において、韓国での人間関係のしんどさが語られている。このことから、一面では韓国社会からの逃避的要素を含んでいるが、同時に将来の帰国を強く望んでいる点でBやCとは異なる。

　Aの場合は、インテリアを学ぶための留学であり、たまたま韓国で出会った在日コリアンの夫と結婚にいたっている。AやDのような動機による移住は、柳（2013）で紹介された新しいタイプの移住であると言える。しかしながら、Dの韓国における人間関係のしんどさへの認識は、日本での定住が長期化するにあたって帰国を阻む大きな要因にもなりえるかもしれない。Aの動機は、BやCのような韓国社会からの逃避を意味するものではないため、帰国への期待が非常に強い。

　Eは、日本人との文通を通して、日本人男性と知り合い結婚にいたっている。Eは、結婚してからも日本語学校、大学院進学、大学で韓国語教師としてのキャリアを積んでいった。Eの日本への定住は結婚によるものだが、自身の日本語力向上のため日本人の文通相手を求めたことが夫との出会いにつながっており、自己実現的な要素を含んでいる。また、Fにおいては宣教目的での来日であり、それを達成すべく多忙な日々を送りながらも、帰国への期待を強く抱いている。

　次に、「移動」の背景要因がどのように教育戦略に影響を及ぼしているのか考察していきたい。

　Aは韓国社会からの「文化的逃避／避難」でないため、帰国への期待は強く、「その（帰国の）ため（に）韓国の文化とか教えたいですね」「うちの家族、韓国人だから、この子ハング（韓国）語しゃべらなかったら、話し通じないから」と、実際に韓国語を使用して子どもに話しかけている。

　Fは、来日当初から家族での帰国への期待が強く、日本での宣教が達成されれば帰国するという道筋ができているように考えられる。したがって、F

の教育戦略は非常に明確で、子どもの学校選択に強く関与し、大学進学において、韓国の大学への進学を勧め、実際に子どもも韓国の大学を選択している。

一方、NC男性であるHにとって、子ども（中学生のときに来日）が韓国語を忘れる心配はなく、学校選択においても「ここ（民族学校）に入りたかったら、ここ（日本）には来ないですよ」のように、日本の学校に通うことを異文化体験として重視しているように思われる。つまり、子どもに対してコスモポリタンとして活躍してほしいという期待を達成するうえで、異文化体験として日本の学校に通うこと、また「何を勉強しても英語を勉強しないと国際的に活動が無理ですよ」というように、英語を習得することは「グローバル型能力」を獲得することへの期待のあらわれであり、子どもが国際的に活躍するうえで欠かせないことだと捉えられている。それは、H自身が可能性を求めて日本に越境し、将来の居住地においてもアメリカなど第3国の移動を視野に入れて考えているからであろう。Hの教育戦略は親子を含めた家族戦略として捉えることができる。また、同じNC男性のG[4]も、日本への移動を1つのステップとして捉え、目的（新しい事業が軌道に乗れば）が達成できれば、帰国するという道筋ができている。その点でHとは異なるが、GはFと同じく越境前から帰国までの展望を明確にしており、現在も変化していない点が、現在の子どもに対する韓国語使用、コリア系の学校の選択を視野に入れていることにつながっていると言えるだろう。

一方Eは、前述したAのような具体的な戦略があったわけではない。そこには、将来の帰国願望や帰国までの道筋が描かれておらず、子どもの教育に関して「将来設計を描いていなかった」と振り返っている。しかしながら、子どもが幼い頃は韓国語をできる範囲で教えていた。Eは、後述する夫との関係（韓国語を使用することへの日本人夫に対する遠慮）、日本社会への関わり（社会参加の深まり）、日本での生活基盤の安定などによって、韓国語継承を途中であきらめている。

Bは、親の同意なしに結婚し日本で家族を形成していることにより、一時帰国して韓国の学校に通わせるといった戦略は現実的に難しい。Bにとって

の帰国は親との関係修復、友人への結婚報告（現状を隠さずに話すこと）が最優先課題として挙げられる。そういった状況の中でBがとる教育戦略は、子どもが韓国語を話し、韓国の家族と話せるようにしておくという戦略である。Bは「私の親戚とか、私のお父さん、お母さん、みんな韓国で住んでいるから、この子が韓国語わからなかったら、ダメと思ったりする」と語り、それが日々の韓国語使用、民族学校（朝鮮学校）を選択肢に入れることにつながっている。Bにとっての一時帰国は、韓国社会への復帰、断絶した家族との関係修復を意味する。そのことを視野に入れたとき、子どもが韓国語を話せることに大きな意味づけがなされている。しかしながら、Aのような一時帰国して子どもを韓国の学校に通わせるといった戦略をたてることは難しい。さらに、将来韓国社会へ戻ることの困難さ（夫との死別、離別後の母子での帰国、再定住）は、家族との関係修復以上に難しいと認識されている。

　Cは、韓国社会では自身の望む生活はできないことから、日本へ移動してきた。したがって、当初から帰国のための戦略がとられてきたわけではない。加えて日本社会での差別を意識することで母語継承は抑制された。Cにとっての教育戦略は、自身の移動の意味づけと日本社会の中で民族性を前面に出すことへの弊害（差別の怖さ）が相まって韓国語使用が抑制された点において、他のNCとは決定的に異なる。そこには時代背景の違いが大きく、Cは当時を「小さいときから、韓国語を教えなかった、そのとき、すごく差別があって」と振り返っている。そのような中、偶然、民族学校の存在を知り「涙が出るくらい嬉しかった」と表現し、また韓国からの知り合いが来日した際、子どもが韓国語でコミュニケーションできないことに衝撃を受けたこともあり、子ども2人を民族学校に通わせた。Cにとっての母語継承は当時の社会では抑制されたが、民族学校の存在を知ったことや、子どもからのフィードバック（韓国語でコミュニケーションできないこと）を受けて、民族学校に韓国語の習得を求めていった。

　他方Dは、前述したように韓国での人間関係において「しんどさ」を経験しているものの、そのことが韓国社会からの「文化的逃避／避難」となっているとは言えず、留学という目的をもって来日している。韓国の親との関

係も良好で、また後述する日本人夫の韓国語継承への理解なども相まって、子が生まれたあとの母語継承や一時帰国して韓国語を学ばせる期待につながっている。

2.2 日本社会での多様な接触―韓国人性の固辞と強化という側面

　NC の日本での生活は、滞日歴の長短、社会参加にともなう準拠集団の変化、身近な人物や周囲の人間関係を通して得られた様々な経験から独自の生活世界を創り出していることが想像できる。NC の人間関係を、時系列的に言えば、国際結婚夫婦、あるいは母国（韓国）から家族で移住してきた NC であれば、初期の家族中心から家族以外の人と関わりをもち始める段階、また、留学生であれば学校を通しての日本人や同胞との「接触」から、職を得れば仕事を通しての人間関係、あるいは、結婚後、子どもを通しての近隣、学校との関係など社会と関わっていく段階へと進み、個別異なる背景（移動の経緯）のもと、人間関係も広がりをみせ（逆もありうるが）交わる人間も変化していく。そのような人間関係の変化を 1 つの適応過程として捉えたとき、その過程での様々な「接触」は、本書の主題の 1 つ母語継承とが大きくリンクしていることが、彼ら、彼女らの語りから解釈することができる。この項では、韓国人 NC の「接触」に焦点を当て、夫やその家族を含んだ、(1) 日本人との接触、(2) 在日コリアンとの接触、に着目し考察したい。

（1）日本人との接触

　日本人との「接触」の過程で、今もなお、葛藤や不安を抱えている NC は A、B、G である。また、現在、過去を振り返り、日本人との付き合いの困難さ、違いを経験した C、D、E、F、H がいる。A、B は、日本人との付き合いにおける葛藤や子どもの成長とともに社会（近隣・学校）と関わらざるをえない状況に対して不安を抱いている。A は、留学先であった学校での日本人学生との「接触」において、「なかなか仲良くできなかった」と振り返り、その理由として相手が「気を遣う」こと、「深い関係を築けない」ことなどを挙げ、B も同様のことを述べている。その反面、A は 1 人仲

の良い友人を挙げ、彼女のことを韓国人のような人であったと回想している。Gもまた、「韓国人はもうなんかすぐ親しくなったりするんですけど、やっぱりそれはちょっと難しいかなって思うんですけど。距離感ですね、何か中間に何かあるんです」と、日本人との付き合い方においての困難さを示している。これはことばの壁だけではなく、日韓を比較した付き合い方の違いが背景として挙げられるだろう。

　このような、日本と韓国とを比較したときに生じる葛藤は、適応の初期段階においてよく指摘されるところである。外国人の適応に関して、中根（1972）は、日本にいる多くの外国人が日本に対して好感をもてないのは、特に言語と社会構造の壁が厚く、そのことが日本人との交際を限定しているとしている。日本と韓国においては、しばしば、文化・言語の近似性が指摘され、韓国人 NC に関しては、必ずしも中根がいうように捉えられているわけではない。しかしながら、実際には自身の経験を通し、中根のいう文化システムの違いといったものが日本人への好感を阻んでいると考えられる。それは、Dの「人々が冷たい」、Fの「裏表が異なって（表裏の態度が違うこと）」という語りからもわかる。

　以上のことから、初期段階での韓国と日本を比較することでの様々な差異の認識が、現状の葛藤や将来の人間関係の形成における不安につながり、それが人間関係を限定していることが考えられる。実際にA、Bは、日本人との「接触」における日韓の文化システムの違い、子育てなどにともなう時間的制約なども相まって交際範囲が限定されている。Gは、日本人との付き合い方の違いの認識と、日々アルバイトと日本での新しい生活を営むことに必死で、時間的な余裕がなく交際範囲が限定されている。特にAとBは友人同士であり、ごく限られた同胞との付き合いしかなく、日本人との交際では、Aは夫方の親族である日本人との「接触」、Bにおいては、「私の日本人の友達は誰もいない」というように、両者とも交際範囲が非常に狭い。

　花井（2008）は、日韓国際結婚家庭における在韓日本人母の日本語継承に関する調査において、出生〜3歳までは、外との関わりも少なく、また自身の韓国語能力の乏しさから、子と過ごす時間も多くなり、必然的に交際範囲

が限定され、親子中心の生活（使用言語も日本語中心）になると指摘している。本書のA、Bにおいても、子どもが2歳にも満たず、子育ての多忙さから、外との「接触」が必然的に制限されていると思われる。谷編（2015）のことばを借りれば、現在のA、Bの日本人との結合関係は、「分離」状態である。そのことが、同じNCとの「結合」（交際）につながっていると言える。このような同胞との交際は、エスニシティの確認や精神的安定に一役担っていることはよく言われているが、そのような限定された交際は、さらに韓国的なものへの回帰や固持・執着につながり、積極的な韓国語使用や民族学校を選択肢に入れる要素になっているかもしれない。しかしながら、将来を見据えたとき、彼女らにとって、韓国への回帰とは別に、日本社会で「やっていかなければならない」現実がある。そのような回帰と現実の狭間にあって、来るべき日に備え、A、Bともに日本語力の向上を目指し、時折、時間と場所を共有しながら勉強している。

　A、Bは、子どもの成長とともに関わらざるをえない親同士の付き合いや学校の先生との関係を考え、日本語が何よりも重要であるという認識をもっている。それと同時に、Aは「子どもに教えてもらうだけでなく、私が日本語の勉強をちゃんとしなければならない。日本の勉強とか文化とか知識」と語っている。この語りは、周囲の人間関係のみならず、子どもとの関係を見据えながら、日本語を通していかに子どもへの直接的な関与（日本語で教科や日本の文化などを教えること）ができるのかという意味を表しているように思われる。また、もう1つの解釈として、日本語能力の向上は、このような単なる人間関係の付き合いや、自己実現をも含めた社会参加、子どもへの関与のみならず、将来自分自身で生活の糧を得るための準備としても捉えることもできるだろう。つまり、現実的にA、Bとも夫との年齢差を意識し、Bにいたってはふたまわり以上も歳が離れていることから、韓国的なものへの回帰を思い浮かべながらも、離別を視野に入れ、日本で生活していく基盤を模索しているのではないだろうか。そういう意味において、現在の日本人との民族関係は、「分離」状態ではあるが、「結合」志向も有している。

　他方、国際結婚をしたDとEに目をやると、家族以外の日本人との「接

触」が教育戦略に大きく影響したという語りは聞かれないものの、Eに関して言えば、日本人夫への遠慮が、韓国語使用を抑制している。花井（2008）は、韓国人夫と結婚した在韓日本人母を対象に言語意識や価値観、言語生活をインタビューする中で、日本語継承を促進・抑制する要因として、韓国社会がもっている二言語使用の社会的評価や親の期待などが言語意識に対して肯定的に働くが、実際には公共の場や義父母の前では日本語使用が抑制されると指摘している。この指摘は、本書においても当てはまり、後に考察するが、夫や周囲の理解が必ずしも韓国語使用に結びつくものではなく、「NC側の遠慮」によって韓国語使用が抑制されることと重なる。以下の語りは、周囲の理解とは別に「NC側の遠慮」が、家庭内で韓国の話題を出すこと、韓国語使用を抑制したと考えられるケースである。

筆者：（韓国語を）教えたくても教えられない環境にあったとか。
E：（それは）あったかもしれない。主人も日本人やから、いつも話題の中で韓国に関する話ばっかりしたら、ちょっとしんどい部分もあったかもしれないから。（主人からしたら）普通の夫婦、一般の夫婦の話題もほしいかもしれない、主人も。でも、いつも韓国とかそんなんばっかり出るから嫌なときもあったかもしれない。

Eは日本人男性と結婚し滞日歴13年になるNCである。中学生の子どもをもち当初は韓国語を教えようとした経緯がある。しかしながら、過去を振り返る中で上記のように韓国に関係する話題を出すこと、韓国語を教えることは、夫や子どもに負担をかけるのではないかという思いを口にしている。母語継承は、夫や周囲の理解が継承意識を強めるものの、実際の母語継承は、「NC側の遠慮」によって抑制される可能性があることを意味しているのではないだろうか。Dとて韓国の親から継承の意向があることを夫に伝えていない。夫は子どもが日本語と韓国語のバイリンガルになることへの期待が大きく、子どもが韓国語を継承することへの期待や韓国とつながることは自然なことであるという認識をもつ。そして、「日本にいてて、日本語だ

けしか上手くならずに、韓国語上手くならないんであれば、まあ、実家に預けることも考えてます」と語り、妻の実家に子どもを預けることも考えている。夫の態度は、Dの母語継承意識を促進させる要因となっている。しかしながら、Eと同様に夫の理解とは別に「NC側の遠慮」が垣間見える。Dは、母国（親）からの継承の意向があることを語ったが、後日、夫へのインタビュー時に、夫はDからそのような意向があることを聞いておらず、初めて、継承への意向があることを知った。もちろんそのような話題が出ない限り、Dからわざわざ夫に言う必要はないのではあろうが、そこには、Eが感じた夫への「遠慮」がDにもあったのではないだろうか。

（2）在日コリアンとの接触

対象者の語りから在日コリアンとの「接触」が自身の教育観や継承意識に大きく影響を及ぼしていると推察できる。以下、A、Dの語りをみてみよう。

> **A**：なんでかっていうたら、うちの旦那さんのお父さんのお父さんもこっち（日本）に来て、ここでみんな住んでいるじゃないですか。で、いったら、韓国人ですけど、こっちの文化をつかって、結局、半分半分ですね。家は韓国の（文化）かもしれないですけど、ここで、日本で、文化とか勉強とか全部する（日本人になる）んじゃないかなと思って、ほとんど日本人になっていない（日本人になっている）かなと思って。この子は絶対、韓国に行かせたい。

> **D**：最初は、在日って韓国人じゃないって思ってたんですよ、日本に住んでいる、何ていうんだろ、日本人やろっと思ってたんですけど、やっぱり、時間経ってみたら、家で韓国語しゃべってる人、この辺でもそうやけど、（中略）お母さんのこと、オンマって言う声が聞こえてきたんで、まあ、そういうのはちゃんと教えているなあと思って。

Aの語りは、夫や親族が日本人化していることを目の当たりにし、子が日本人化していくことへの不安から、子どもには韓国人であってほしいとい

う切実な思いを表している。一方、Dは、在日コリアンが多く居住する地域である生野区桃谷（集住地域）で、韓国語が日常的に飛び交っている様子を見て、在日が日本人化していると認識しながらも、子どもに韓国語を継承していることについて肯定的に捉えている。それは、「ちゃんと在日の人でも、韓国の文化とか、ことばとか習おうとしている人がいるじゃないですか、そういう人らを見ると偉いって思います」という語りからもわかるだろう。D自身もまた、象徴的な韓国のことば（夫への呼称）を意識的に用いており、生野区という地域が、継承すること、韓国語を使用することへの肯定的な土壌となっているようにも思われる。

　このように身近な人物（在日コリアン）である夫の韓国への態度や継承への態度、また周囲の在日コリアンとの「接触」は、本書NCの親の継承意識に影響を与えていると推察できる。本書での、夫の韓国や韓国語継承への態度は、概ね肯定的であり、その肯定的な態度が継承意識を強めている。例えば、Aは、他の語りにおいて、在日コリアンである夫の韓国語への態度を「旦那さんもけっこう韓国語が好きみたいで、自分もできれば勉強したいと思って」との語りに対し、肯定的に捉え、Bにおいても在日コリアンである夫が語った自身の経験を聞き、以下のように語っている。

　　B：私の主人が、今さらというか、「今頃、自分も朝鮮学校行ったらよかった」とか、私に、あの、「昔私の親（義母）が、1回も韓国ことばで育てなかった」とかと言って、「何で、そうしてしまったかなぁ」とか、「私もちっちゃいときに韓国ことばでも教えてたら、今、ちょっと良かったかも」、昔、あの、私の主人のお母さん、お父さんは、生きるのが精一杯で、あんまり日本語じゃなくて（韓国語使わなくて）、日本の学校させて（行かせて）、韓国人になんか思わないぐらいさせて。

　この語りは、夫が自身の過去を振り返り、朝鮮学校に行かなかったことに対して後悔の思いを口にしている。また義母が子育ての際、息子（Bの夫）を韓国語で育てなかった（話しかけなかった）ことを述べている。Bは身近

な在日コリアンとの「接触」によって、在日の歩んできた歴史を知ったことで「経験の共有」がなされた。この経験の共有とは、生越（1983）が指摘する、在日韓国人のモノリンガル化が進む要因として挙げている日本人の根強い偏見・差別のことである。これらの語りにみられるように、身近な人物（在日コリアン）である夫や親族からの肯定的な態度や言動、「経験の共有」がA、Bの継承意識を強めていると推察できる。

　しかしながら一方で、Bの次の語りをみると、D、Eにみられた「遠慮」が垣間みられる。「外国人と結婚したら、やっぱり、主人のほうがもっと疲れる。何でも」という語りは、同じエスニシティを有していながらも、夫から見れば自身は「外国人」であると認識していることのあらわれであろう。自身が外国人であると認識することで、夫に負担をかけるのではないかという「遠慮」が、今後の教育戦略に影響を及ぼすかもしれない。

　Dはまだ妊娠中ではあるが、夫の理解もあって、継承意識は非常に強い。A、Bは幼い子どもをもち、親子間の会話では韓国語を積極的に使用している。この3名で大きく異なる点は、夫が在日か、日本人かということであるが、妻の認識する夫の韓国や韓国語継承への態度は肯定的であることが語りからわかる。

　Eにおいても、日本人夫との話し合いで2人目ができれば韓国系の学校も視野にいれていたこともあり、また夫自身も韓国語を学んだ経験があることから、韓国や韓国語の継承においては理解があったと思われる。しかしながら、子どもへの継承は継続しておこなわれなかった。それは、Eの社会参加を通しての意味づけの変化や現実的に実践していくことの困難さを経験したことにもよるだろう。また、前述した「NC側の遠慮」が、夫の理解とは別に、継承を抑制したとも考えられる。

　Fは、子どもの学校選択についての語りの文脈から「とにかく私が大学、韓国に誘うのは、あなたたちは帰るところ（韓国）が一緒（同じ）、日本に住んでいる在日韓国人を見たら、なんとなく寂しい感じがします」と述べている。在日コリアンとの「接触」が、子どもへの学校選択の期待（子が韓国にある学校を選択すること）に関与していると思われる。Hは、在日コリアン

との「接触」において、在日韓国人であっても、自身のルーツを知ることの大切さを語り、Gは、在日コリアンの妻に対して「中立ですね、（中略）韓国の立場でも無いし日本の立場でも無いですよ、ちょうど」と語っている。そして、妻を韓国人でもない、日本人でもない存在として捉え、また韓国人としてのアイデンティティが中途半端で損だとも語っている。またそのことが、「日本人なら仕方なく日本の学校に通わせるんですけど、韓国人なんで」と、子どもは在日コリアンではなく韓国人として、韓国系の学校に通わせることに大きな意味づけがされている。Gは、在日コリアンである妻との「接触」から、子どもが在日コリアンとしてのアイデンティティをもつことに危機感を抱き、子どもには韓国人としてのアイデンティティを継承させようとしているのではないだろうか。Cは、子どもを韓国系の中学校に通わせており、そのことに対して在日コリアンの夫からの大きな反対はなかったようであるが、特に積極的に韓国系の学校を勧めるような態度ではなかったと述べている。

　以上のことから、本書対象者の韓国人NCは、身近な存在である在日コリアンの夫や親族、地域に居住する在日コリアンとの「接触」によって、母語継承を肯定的に意味づけたり、「在日」にさせない、あるいは韓国人にさせるための戦略として、母語継承、民族学校選択に大きな意味づけがされたりしていることがわかった。また、在日コリアン家族との「接触」によって、「経験の共有」がはかられ、そのことが子どもの母語継承への強い期待、実際の母語使用、民族学校選択への期待にもつながっていることもわかった。

　ジェンダーの視点で言えば、日常的に子どもの教育に関与している夫の姿は見えてこない。その原因の1つには、母語継承において、その役割を担えるのは韓国人NC女性であり、日本人夫や在日コリアンの夫は、母語継承（韓国語使用）において直接的には関与できないことが挙げられる。できることと言えば、母子間の韓国語使用、民族学校選択への肯定的な態度を表すのみである。そのことが母語継承意識を促進させ、NC女性の教育戦略に影響を及ぼしているが、同時に大きな負担を与えているとも言える。

他方、NC同士の夫婦であるHに関しても、子どもに対するコスモポリタンとしての期待は強いが、日常の直接的な関与で言えば、どこまでH自身が関与しているかはわからない。Hは、韓国人の父母の子どもの教育一般の関わりとして、両親とも教育に熱心である、と前置きしながらも、「お父さんは熱心にお金稼いで、これをもって、お母さんが教育をする」と述べ、石川（2014）で前述したように、韓国での教育に関わる性別役割が極めて強いことをうかがわせる。

またGに関しては、在日コリアンの妻が日本人化している状況を目の当たりにした結果、いっそう子どもが韓国人としてのアイデンティティをもつことの重要性を認識し、教育戦略につながっていることがわかった。いずれにせよ、Cを除くNC女性の夫の韓国や韓国語継承への肯定的な態度が継承意識を強め、また母語継承の1つの手段として、韓国朝鮮系の学校が選択肢に含まれていることがわかった。しかしながら、母語継承の試みは様々な制約を受け、前述した夫との関係性から見え隠れする「遠慮」などが母語継承を抑制していることがわかる。

2.3 日本社会での経験—越境ハビトゥスの獲得

日本社会での様々な経験を時間軸に沿ってみた場合、ホスト社会への適応の程度が、民族への回帰／葛藤につながる可能性がある。ここでは、移動から、様々な経験を経て、NC自身にいかなる変化が起こり、その変化がどのように教育観や実際の教育戦略につながってきたのか、「意味づけの変遷」に着目して考察したい。

初期の適応過程（対象者：A、B、D、G、H）から、子どもを通しての親同士、学校や先生との関わり、あるいは、職を通して社会と関わる段階をその次の段階とするのならば、その最中であるE、その段階を経たC、Fの語りを聞くことが重要になってくる。なぜなら、その通時的な流れの中でNC自身が、日本での経験を通して一体何に価値を見い出し、新たな意味づけをおこなってきたのか、そして様々な葛藤や不安をどのように克服してきたのかを知る手立てとなるからである。すなわち、それは「越境ハビトゥス」を

獲得する過程そのものであり、その部分を考察することで、教育戦略の変遷を考察する一助となると考えるからである。

現在、A、Bが韓国的なものへの強い回帰を思い描いている段階であるとすれば、滞日年数を重ねたC、E、F、その中でも、C、Eは、すでに日本での生活を前提にした、もう回帰できない現実が存在する。特にEの語りは、「社会参加」が重要なキーワードになるが、Eは、A、Bと、どこが異なりどこが類似しているのか、意味づけの変化に焦点を当てたとき、以下でみるようにEの語りは示唆的である。

C、Eの人間関係、特に日本人との「接触」に起因する様々な葛藤や不安は、個々の体験を通して個別に形成されるが、非常に類似した語りが多くみられる。それは、前述したA、Bの語りにみられるような、日本人との「接触」過程でみられる葛藤や不安を経験してきたことにもよるだろう。そのような中、Eは日本人との「接触」が増し、社会に深く関与するにしたがって「割り切る」というスタンスをとっている。Eは結婚後すぐに子どもができたこともあり、慣れない地での自分自身の生活と子育てに多くのエネルギーを費やさなければならない状況にあった。それと同時に、彼女にとっての大きな不安は社会活動ができるかどうかということであった。「（日本の生活に）最初慣れるまで時間がかかって（中略）結婚してすぐ1年ぐらいで子どもができて、今は社会活動（日本社会に関与）ができるからいい、よかったけど、最初はそれが不安で」と述べている。この語りにみられる不安は、現在のA、Bとも類似しているのだが、Eは社会参加するにあたって、夫が協力してくれたという認識をもつ。Cは、「まあ、苦しいのは、自分が社会活動できてなかった部分と、日本はいいと言えば、すごくいいとこですけども、すごく地味な生活してるやね、家が、地味いうか、それ慣れなあかん、自分で、苦しかってん。今はまあ、慣れて、（中略）それがちょっと（できなかった）」と、日本で社会活動できるかどうかの不安や日本の生活での葛藤を語っている。

以上のような経験を通して、C、Eがとった戦略の1つが「割り切る」というスタンスである。それはある意味、人間関係を「見切る」と言ってもい

いのかもしれない。すなわち、日本人との「接触」が増すことによって、日本人との付き合い方や、そのスタイルが理解され、無理に付き合うことで生起する葛藤や不安の回避として「割り切る」という方略を身につけたのかもしれない。実際にEは、夫方の親族との人間関係においても、自分への否定的な態度を経験して、以下の語りのように「割り切る」という姿勢を示している。「私から見たら、あー、あの人たちは韓国人があんまり好きじゃないんだっていうこともあるから、日本で生活してくるにつれて別に、あの親戚とは付き合いしなくてもいいかなと、私の態度が反対に冷たくなったかもしれないんですね」と述べている。このようなスタンスがとれる背景には、日本では韓国的な付き合いをする必要がないこと、また、Eの「別に日本って親族深く付き合いしないから」という語りからもわかるように、経験から得られた気づきのもと、「割り切る」というスタンスを作りあげていったとも推察できる。それは、仕事などを通し社会への関与を強めて行く過程で、当初抱いていた近隣と深く付き合わなければならない状況から、その必然性がなくなる状況へのシフトが、その背景にあるのではないだろうか。Eにとっては、社会参加が人間関係に縛られることの窮屈さからの回避へとつながり、「割り切る」というスタンスを身につけさせたのかもしれない。

　Cについても同じようなことが言える。彼女の交友関係は、民団（＝在日本大韓民国民団の略称。大韓民国を支持する在日コリアンで構成された民族団体）や教会を通して非常に交際範囲が広い。そのような中、日本人との「接触」において当初は、葛藤を経験したが、次第に、それを回避するための方略がとられている。Cにとっての人間関係は、選択的、積極的に形成されていることが語りから理解できる。以下の語りは、自分自身の付き合いのスタンスを明確に相手（日本人）に示し、そのスタンスに合わせることができない日本人とは付き合わないという「割り切る」姿勢を示している。こちらが相手に合わすという視点ではなく、相手をこちらに合わせるというスタンスである。筆者の質問「友達で日本人の方とかは？」に対して、

C：おるおる。みんな半分、韓国しきたり半分もって、みんなやってるんですよ

（笑）。例えば、キムチ、なにか物1つあげても何回も何回も「ありがとうございました」礼するけれども、私はそれ退屈やから、やめてください、「ありがとう」それでいいと。半分、韓国式、日本式の友達が多いね。それができない人は友達ならないね。

　以上のような社会参加にともなうスタンスの変化は、葛藤や不安への回避のみならず、自分自身が新しい地で生き抜いていくための方略ともとれる。意味づけの変化は、人間関係における、「割り切る」という方略を獲得し、Ｆの「どんどんどんどんわかるようになる。基本的に日本人というなんか」といったように、当初抱いていた日本人や日本語に対するネガティブな態度から「受け入れる」スタンスへと変化することもある。Ｆは、当初日本人との「接触」はほとんどなく、すぐに帰国するという見通しのもと、また、日本人や日本語に対しても嫌悪感を抱いていたこともあり、意識的に同胞との付き合いしかもたなかった。しかしながら、教会内での日本人との「接触」、あるいは教会内で韓国語教室を立ち上げたことで、一般の日本人との「接触」が増し、次第に、前述した語りにみられるような意識の変化を示すようになった。意識の変化は、ある程度滞日年数を重ね、日本人との関わりをもてば当然ではあるが、そのような変化はときに新たな葛藤を生起させることもある。Ｅは、自身の視点の変化を以下のように挙げている。

　Ｅ：10年ぐらい経ったら（経っても）、日本人には慣れないけど、（中略）そのまま日本のこの文化の流れ、（日本の）人たちの考えを理解するようになりつつあるから、これじゃいけないなと思うことが自分であるんですね。（中略）昔は子どもできて、4、5年ぐらい前は韓国が中心で、韓国から見た視点で日本を見てたんですけども、最近は日本から見た視点で韓国を見たりするから、韓国もまた、駄目じゃないかと思うこともあるし。

　この語りは単なる葛藤だけではなく、彼女にとって、日本はすでに外国ではなく、今や生活の場が日本にあることを示し、その場からの視点へと変化

していることを意味している。つまり、視点の変化は、帰国の困難さにつながり、韓国での再適応、再定住の難しさを十分に承知すると同時に、日本的な見方と韓国的な見方の狭間の中にあって、自分自身もすでに日本人化され、または、していくことへの不安を抱えているとも推察できる。

　次に、以上のような日本での経験が、どのように教育戦略と関わっているのかを「差異」というキーワードを使って考察したい。E は結婚後、社会参加（ホスト社会に参入できるか）に不安をもっていたが、「割り切る」というスタンスで人間関係を築きながら、自身の差異を周囲に積極的に表明し、日本社会に参入していった。E の差異の強調とは、自身の民族性を前面に出すことであり、そのことが間接的に子どもに差異を意識させることにもつながる。また、差異を強調する手段として、韓国語の使用や本名を名乗り社会と関わっていくことなどが挙げられるだろう。このような差異を表す民族性を本書での対象者がどのように捉えているのかを分析することは、NC 本人の姿勢や、それに付随する母語継承などの教育観を捉えるうえで重要になる。本書での対象者の語りを分析するにあたって、「差異」に関する共通した語りがある。それは、自身の民族性を積極的に表明するものから、NC 本人だけではなく子どもに対しても、周りの日本人とは異なることへの肯定的な意味づけがなされている点である。具体的に E は、日本社会との関わりの中で以下のように語っている。

E：お母さんは日本人じゃないよっていうのをマイナスに捉えるよりはね、いいことだよって、そう悪いことじゃないよということを認識させるには自分が積極的に行動することかなと思って、（中略）お母さんは、他の日本人とのお母さんとか（と）違うよっていうのをちょっとね、おおやけに子どものためにも見せたかったと思う。

　この語りは、韓国人として積極的に社会に関わることを通して、間接的に子どもと関わることを表している。すなわち、親の社会参加を通して子どもと関わるという選択である。このような子どもへの関与という面では、当初

Eは読み書きなど母語の継承を試みているものの、その困難さを経験している。Eは、直接的に関与することへの困難さや自身の社会参加も相まって、韓国人として地域へ積極的に参加し、周りに「差異」を強調することに、より大きな意味づけがなされ、価値を見い出したとも推察できる。

Aにおいても「私は、自分（子ども）が韓国人だと強く教えるつもりです」と、韓国語を通して差異を表そうとし、Bも同じNCの母親との「接触」から、出自を隠していると感じた同胞（差異をマイナスに捉えている同胞）に対して、否定的に捉えている。また、Eは、他の語りで、近所にいた韓国人の母親が自分と深く付き合わないことに対して、「日本人のようになる人かな」と認識し、Dにおいても「あなたのお母さんとお父さんは、違う人ということをちゃんと教えてあげる」と述べている。さらにF、G、Hも出自を隠すよりは、むしろ韓国人としてのプライドを前面に出している。一方Cは、当初子どもへの差別を懸念し、その差異を表す手段としての韓国語使用は抑制されたが、ある時期からその差異を積極的に表している。その背景には、子どもが母国の親族と意思疎通がとれなかったことにショックを受けたことがあり、それ以降は子どもを韓国系の中学校へ通わせ本名を名乗らせている。

以上のように、自身や子どもが周囲の日本人とは異なること、韓国人であることのプラスの意味づけは、それが今もなお困難である在日コリアンとは決定的な違いがあり、在日コリアンが自身の民族性を積極的に表明できなかったこととは明らかに異なる。そこには、その時代の社会背景や母国での社会化の過程、あるいは日本での経験によっても左右されるが、本書のNCにとって韓国人という「差異」を強調することは、たとえ差別や周囲の視線を意識したとしても、重要な意味をもつのかもしれない。

「越境ハビトゥス」を額賀（2013）は、それを国際移動する人々が意識的、無意識的に身につけて行く適応能力の1つとして捉えることができるとし、人々は越境ハビトゥスを通じて能動的に状況に働きかけ、トランスナショナルな教育戦略を創造・実践していくことが可能になると述べている。本書の対象者もまた、そのときどきの具体的な状況に、能動的に働きかけながら適

応を試み、「越境ハビトゥス」を獲得し続けている。「越境ハビトゥス」が適応能力の一形態であるのならば、親の適応の程度が教育戦略と密接な関係にあることが、本書の事例から明らかになった。

3. まとめ—民族継承の一形態

親の適応過程と教育戦略は密接に関わり、さらには移動の背景、日本人、在日コリアンとの「接触」、日本社会への関与の程度、その時代の社会背景など、様々な要因が母語継承意識や実際の言語使用、学校選択にもつながっていることがわかった。しかしながら、今挙げた以外にも、多くの要因が絡んでおり、丁寧に読み解くことが必要になってくる。本書では、その一部を考察したに過ぎないが、明らかになった点を図にすると、以下のように提示できる。

韓国人NC対象者すべてが図4のような過程を経るわけではなく、またⅠ～Ⅳ期に明確に分けられるものでもない。あくまでも、1つのパターンとして提示したい。まず、Ⅰ期では、ホスト国での慣れない生活に順応しようと、自身の日本語力の向上など、自身のこと、あるいは、子どもを育てることに精一杯で、継承は、さほど意識化されない【＝継承意識（±）】まま具体的な教育戦略を描くことができず、交際関係も家族、同胞が中心になる。自身のアイデンティティは、ID（±）と民族性を強く意識することはないが、Ⅰ、Ⅱ期を通して文化差異などからアイデンティティが強化【＝ID（＋）】されていく。Ⅱ期においてもその状況は続くものの、子どもができてから（Ⅰ～Ⅱ期）は、手探りながらも、母語継承を中心とした実践がおこなわれる【＝継承実践（＋）】。その背景には、将来に対する不安、日本人、日本社会との「接触」や母国との比較において強い疎外感を経験し、帰国期待を強め【＝帰国願望（＋）】、さらに自身の民族的アイデンティティが強化されたことが挙げられる。それらのことが母語継承の実践のみならず家族を含めた民族学校選択【＝母語習得（＋）】への期待、一時帰国して韓国の学校へ通わせることの期待へとつながっていく。これは、適応の初期段階であ

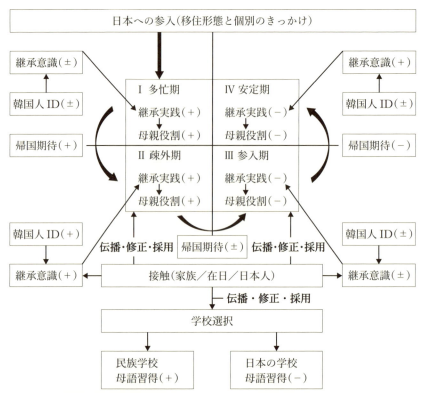

図4 韓国人ニューカマーの教育戦略

り、日本人との関係において再定位がなされてく過程であるとも言える。また、家族(在日コリアン／日本人夫)、地域(在日コリアン／日本人)との「接触」から、様々な情報が伝播され、ある者(A、B、G)は、在日コリアンの歩んできた歴史を聞き、歴史を共有することで、さらに民族的アイデンティティを強めたり、子どもが在日コリアンと同じ道を歩まないように、母語継承を実践したり、民族学校を選択しようとしたりする。また、ある者(D)は地域に居住する在日コリアンとの「接触」から、民族性の表出(韓国語使用)を肯定的に捉えるようになる。一方、日本人の夫をもつDやEにとっては、家庭内において民族性を出すことは、「NC側の遠慮」から抑制され

る。これは、在日コリアンの夫をもつ NC も例外ではない。B も自身を外国人であると位置づけ、外国人と結婚した夫の負担に言及しており、民族性の表出が抑制される可能性がある。

　次に移動の背景で言えば、B や C のような韓国社会からの「文化的逃避／避難」を含んでいるか否かで、具体的な教育戦略を描くことが可能かどうかの差が出てくる。また、Ⅲ期において親自身が日本社会に深く関与していく過程で、C、E、F のように子どもへの母語継承が思うようにいかないことを経験する中、あらたな意味が付加されていく【＝継承実践（－）】。E の意味づけの変遷期における母語継承のあきらめは、あらたな子どもへの期待を生み出す。E で言えば、将来子どもが韓国と関わることに強い意味づけがされるようになった。また、当初実践していた母語の継承は、自身の社会参加と引き換えに断念することになる。しかしながら、韓国人として社会に参加し、子どもと関わるという選択は、意味づけの変化を意味し、新たな越境ハビトゥスの獲得だとも言える。一方 C においても、子どもが韓国の親族と話せないことでショックを受け、母語継承しなかったことを後悔した。また、「礼儀ができていない」ことから、韓国人がもつ価値観を子どもが有していないことを感じとった。そのことによって、民族継承への意味づけが変化し、ことばだけでなく、民族性を身につけさせるために民族学校選択がおこなわれた。F もまた、子どもの日本人的な振る舞いを見て、自分とは通じないと述べている。F にとっても、もともと帰国して韓国に再定住するための教育戦略がとられているが、子どもからのフィードバックにより意味づけが変化し、いっそう韓国の大学へ進学することに対して積極的に関与していった。

　日本の学校選択についても、様々な「接触」を経て、意味づけされた結果ではあるが、母語習得は期待されず、異文化体験として（H）、あるいは、親の意味づけの変化（E）、社会背景（C）などによって日本の学校が選択される【＝母語習得（－）】。この時期（Ⅱ〜Ⅲ期）になると、日本人や日本社会への理解、生きていく方略を身につけることで、帰国への期待も弱まっていく【＝帰国期待（±）】。

Ⅳ期(C、E、F)では、過去の子どもとの関わり方について、民族継承における振り返りがなされる。Fは、来日当初は多忙で、娘(1人目)が生まれたときのことを振り返り、娘に関われなかったと回想している。Cも、子どもが韓国人とコミュニケーションできないことにショックを受け、韓国語を教えなかったことへの後悔から、新たな民族継承への意味が与えられ、母語継承を民族学校に求めた。さらには次世代の韓国人NCへの教えとして、「子どもに韓国語教えなさいよ」と伝えるようになった【=継承意識(+)】。Eにおいては、現在も子育て中ではあるが、安定した生活のもと、過去を振り返る中で子どもの将来設計がなかったことを口にしている。この時期になると、帰国は現実的でなくなる【=帰国期待(−)】。Ⅰ〜Ⅱ期において強く意識(固持・執着)していた韓国人としてのアイデンティティから解放されていく【=ID(±)】。

　本書で明らかになった点は、韓国人NCの親が、教育戦略をたて実践することは、移動の背景、日本社会での適応の程度、時代背景といったマクロの側面と、その中で展開される具体的な「接触」、それによって引き起こされる個々の意味づけの変化(=越境ハビトゥス獲得)など、ミクロな部分が相互に関係し合っていることである。額賀が日本人母を考察することで得た日本人母の越境ハビトゥスは、本書においても当てはまり、韓国社会と日本社会との比較のもと、教育戦略が展開されていることがわかる。さらに、民族継承は結果として、図4で示したように「母親役割」を強化(+)していることとも重なるだろう。

　しかしながら、額賀と異なる新たな知見は、移動の社会的背景や個別の移動の背景が教育戦略をたてるうえで大きく影響し、特に移動後の日本人、日本社会や在日コリアンとの「接触」が、アイデンティティ、親自身の適応過程に影響を及ぼし、さらに相互に関わり合い、母語継承をはじめとした民族継承と分かち難く結びついていることを明らかにした点である。時間軸に沿って生起する様々な経験(接触)から子どもへの教育戦略も練り直されることを描いたことで、今までの先行研究では十分に描ききれていなかった、韓国人NCの民族継承の様相がリアルに見えてくるのではないだろうか。

注

1 【 】は韓国人 NC、在日、日本人の区別。(─) は年齢不詳、学校選択「日」は
日本の学校、「I」はインターナショナル・スクール。年齢、滞日年数は、インタ
ビュー時点(2007年8月〜08年9月、Gは2013年4月)。対象者Dに関しては、
夫にもインタビューをおこない夫の語りを本文中に引用している。G家族は現在
(2016年) 韓国に居住し、子ども2人(2013年のインタビュー時点では1人)を育
てている。
なお、調査にあたっては、事前に大阪府立大学人間社会学研究科研究倫理委員会
に承認を得ている。

2 入国管理局統計 http://www.e-stat.go.jp/SG1/estat/List.do?lid=000001139146(2016/
10/1)

3 柳(2013)は、国際移動に関する従来の構造的アプローチでは、移住者がいかなる
動機、プロセス、どのような背景から移住を選択したのかわからないという限界
と「送り出し社会」に注目してこなかったことを欠点として挙げている。それら
の欠点を指摘したうえで、儒教的家父長制に起因する男性中心的な社会的規範が
根強い韓国における女性の低地位、抑圧されている状況を女性へのライフストー
リーインタビューから、「文化的逃避／避難」という概念を提示している。それ
は、①韓国の構造的貧困からの逃避／避難、②女性の経済上の地位と「IMF金融
危機」からの逃避／避難、③女性をめぐる社会規範からの逃避／避難、である。
柳は、以上の①〜③の日本への移住を「文化的逃避／避難」という概念で提示し
ている。加えて、①〜③に含まれない新しいタイプの移住として、高学歴女性が
新しい可能性を求めて国外へ移住するケースも挙げられている。

4 Gは2013年に帰国し、翌年に妻、第1子、新たに生まれた第2子を韓国に呼び
寄せ生活している。

第3章　朝鮮族の民族継承

1.　調査概要 [1]

　調査対象者は表4に示す11名で、知人から紹介してもらい、半構造化インタビューをおこなった。インタビュー時間については、1人あたり約1時間～1時間50分である。

　調査時期は、2010～14年である。質問項目は、教育戦略（母語継承や学校選択）を聞く過程で、来日の経緯や日本での経験、家庭での経験について聞いている。表4は、対象者の属性や学校希望、表5が家庭内言語使用状況である。

表4　朝鮮族の属性

対象	国籍	性別	年齢	家族構成 （年齢）	家族 （国籍）	滞日年数	職業	学歴	学校選択
a	中	女	30代	夫【朝】（30代） 子（2）	夫（中） 子（中）	約12年	なし	大院	日希望
b	中	女	20代	夫【朝】（20代） 子（5/1）	夫（中） 子（中）	約10年	会社員	大学	日希望
c	中	女	30代 ↓ 40代	夫【朝】（30代） 子（1）↓ 夫【朝】（40代） 子（4）	夫（中） 子（中）	約8年 ↓ 約11年	会社員	大学	日希望
d	中	女	30代	夫【朝】（40代） 子（12）	夫（中） 子（中）	約11年	バイト	大学	日希望

e	中	女	30代	夫【朝】(30代) 子(1)	夫(中) 子(中)	約10年	バイト	大学	日/中 希望
f	中	女	30代 ↓ 40代	夫【日】(60代) 子(2)↓ 夫【日】(60代) 子(5)	夫(日) 子(日)	約13年 ↓ 約16年	なし	大学	日/I 希望 ↓ 日 希望
g	日	女	30代	夫【朝】(30代) 子(2)	夫(日) 子(日)	約9年	自営業	大学	日 希望
h	日	女	30代	夫【朝】(30代) 子(5/1)	夫(中) 子(日)	約14年	自営業	大学	日 希望
i	日	女	30代	夫【朝】(30代) 子(5)	夫(日) 子(日)	約13年	会社員	大院	日 希望
j	中	女	30代	夫【朝】(30代) 子(5/2/9ヶ月)	夫(中) 子(中)	約13年	なし	大学	中/日 希望
k	中	女	20代	夫【在日】(40代) 子(5)	夫(韓) 子(韓)	約12年	バイト	大学	日 希望

表5　家庭内の言語使用状況

対象	a	b	c	d	e	f	g	h	i	j	k
夫婦間言語	朝日	朝日中	朝	朝日	朝	日	朝日	朝	朝日中	朝	朝日
親子間言語	朝日	朝日中	日	朝日	朝日中	朝日	朝日	朝日中	日	朝日	日

2.　教育戦略—母語継承と学校選択

　この節においても韓国人 NC と同様に、①移動の背景、②身近な人物との接触、③日本社会での経験（母国との比較も含む）に着目し、教育戦略との関わりを明らかにしたい。

2.1 日本への移動―経済的要因による現実的選択

　朝鮮族の移動は、前述したようにグローバル化の中で生起したものであり、本書の朝鮮族の日本への移動もまた、その影響を受けた結果としてみられるだろう。朝鮮族の日本への移動は、留学（正確には「就学ビザ」）という形態で来日する場合が多いが、本書の対象者をみると、実際には出稼ぎ的要素を含んでおり、そのことをおさえておくことが重要になってくる。なぜなら、経済的要因は日本に留めておく磁場として作用するばかりか、将来展望にも影響を及ぼすからである。当然のことながら、将来展望もまた子どもの教育戦略と関わることは言うまでもない。この項では、留学か出稼ぎかといった理解の把握だけでなく、よりミクロな観点（個別の理由）から個々の来日の経緯を含め把握することで、それらが個々の教育戦略（主として言語選択）と、どのように関わってくるのかを考察したい。

　まず、本書の対象者 g を除くすべてが留学という形態で来日している。これは、日本では外国人の非熟練労働を原則認めておらず、たとえ出稼ぎ目的であっても留学という経路を通しておこなわれることが考えられるからである。c は、「妹が先に来て結構稼いだ、（中略）日本語勉強できたし、とりあえず日本語だけ勉強してもそれがプラスになるん違うと思って」と、身近な人物から影響を受け、留学は、日本語の勉強だけでなく出稼ぎのための手段として位置づけられている。実際に「学生（留学生）の時代、その間だけでもちょっと稼げたら、それでいいや」と述べていることからもわかる。

　i は、中国で短期大学を卒業後、地元に戻って就職するか、あるいは 4 年制大学に進学するか悩んだ末、中国で好きな大学（有名な大学）に行くことは難しいという判断から、「留学の道であれば（中略）好きな大学に行けるんじゃないか」と、日本での留学を選んでいる。また、留学する理由に「視野を広げたい」と同時に「日本っていうのは魅力的っていうか、金銭的にそれは欠かせない大きな目的」と、経済的要因も含んでいる。また、当時の状況を振り返り、「当時の周りの騒ぎっていうか（中略）日本とにかく両親がそういうふうに日本に行かせてくれるような土台（中略）みんな行くとか、最優先、それを羨ましがっているのが現状」と、当時の延辺における日本行きへ

の雰囲気、家族が後押しする態度がうかがわれる。またcは、中国社会における朝鮮族の見方として、10年ぐらい前までは、韓国に行ってお金を稼げるという認識があり、お金もちのイメージがあると述べ、中国社会の朝鮮族への眼差しが、どういったものなのか、うかがい知ることができる。

権(2011)は、朝鮮族社会の「日本行き」が社会的な流行として続いており、「韓国行き」とは別の形で続いているという。また、来日の動機[2]も勉強や研究はあくまでも表向きであると、朝鮮族の語りを引用する。本書の対象者の来日目的もまた重なるところがあり、表面的には留学であるが、経済的な魅力を背景とした移動でもあることがわかる。また、移動を後押しする朝鮮族社会の雰囲気や家族の協力、あるいは日本に先住する朝鮮族からの情報やネットワークなども存在していることがわかった。

以上のことが子どもの教育戦略とどう関わってくるのだろうか。子どもの一時帰国という観点から考察を試みたい。本書の対象者のほとんどに、子どもと数ヵ月単位で帰国したり、あるいは子どもだけを中国に住む家族に数ヵ月預けたりしながら、自身は日本での仕事を優先し、仕事が落ち着いてから再び呼び寄せるパターンがみられる。このことは、前述した韓国人NCとは異なっている。韓国人NCの多くが、子どもを韓国にある学校に一時的に通わせることなど、子どもとともに一時帰国する期待を描きながらも、韓国の家族との関係から帰国に困難が生じたり、当時の時代背景から帰国は現実的でなかったりするケースが大半であった。さらには日本社会に深く関わっていく過程で、母語継承意識も弱まり、教育戦略などにおける意味づけも変化することで、子どもと一時帰国し、子どもを数週間、数ヵ月単位で通学させるといった期待が果たされた例はない。一方、朝鮮族は数ヵ月から1年以上に及ぶ期間、子どもを一時帰国させたり、あるいは子どもができた早い段階での一時帰国を果たしたりしている例がみられる。

bは次女が生まれた時点で、長女(5歳)を延辺の両親に預け漢族の幼稚園に通わせた。dの子ども(12歳)もまた中国で暮らした経験をもち、小学校2年生の後半に中国へ帰国させ、4年生になる頃に再来日させている。cも子どもが1歳のときに3ヵ月間、中国の親に預け、その後も数カ月の単位

で預けている。ｈもまた、仕事の忙しさから生後５ヵ月の子どもを８ヵ月、中国にいる夫方の親に預け、朝鮮族の幼稚園が近隣になかったことから、漢族の幼稚園に通わせている。その後も４ヵ月延辺で過ごしている。将来的にも子どもが中国で教育を受けることへの期待があり、日本と比べ「教育は中国のほうがいいんじゃないかと思いますけどね」と述べている。ｉも、生後１歳にも満たない子どもを１年近く中国の両親に預けたことがあり、「私仕事がちょっと忙しくて、育てられなくて」と当時を振り返っている。ｊもまた、子どもを４ヶ月程度預けている。その他の対象者の大半も短期、長期を含め一時帰国を果たしており、中国の家族は日本での生活の基盤を形成するための資源として大きな役割を果たしていることがわかる。中国の親に子どもを預けることは、対象者の多くが当面の帰国を考えておらず、日本での定住を第一に考え、将来展望を描いていることが考えられる。日本での生活基盤を形成するためには、何よりもまず仕事を優先しなければならないという思いがあるからだろう。

　子どもの教育に目を向けると、一時帰国させることによって結果的に母語継承には効果があることをおさえておくことが重要である。一時帰国は、子どもが朝鮮族の幼稚園や朝鮮族学校で朝鮮語を学ぶことを可能にし、結果的に中国の家族や自分たちとの断絶を防ぎ、母語継承にとってプラスになる。また、一時帰国は、中国語に触れる機会にもなり、親の中国語の威信性への認識によって、将来の子どもの可能性を広げるものとして重視され、中国への留学や後述する漢族学校、中華学校選択への期待とつながってくる。しかしながら、日本での生活の基盤形成のため、あるいは教育のことを考えたとしても、子どもを中国の家族へ預けることは両義的であり、母語継承という面ではプラスになるが、日本語習得という点からはマイナスになる。具体的には、中国から帰国した子どもの言語能力（朝鮮語や中国語は話せるが日本語は話せない）を目の当たりにすると、大きな不安から日本語使用へと傾斜していく。

　ｂは、長女（５歳）を中国の両親に預けたことから中国語と朝鮮語が話せたという。家庭内でも親子の会話は三言語を使用しており、中国の祖父母とも

インターネット上で朝鮮語を使用している。bの長女にとって中国への一時帰国は朝鮮語の維持にとって有効であったことがうかがえる。しかしながら、日本へ戻り日本の保育園に通いだすと、bは「家庭内では日本語しか話さないようになった」と、複数言語使用から日本語使用へと傾斜していったという。cもまた、1歳になったわが子を中国の両親に3ヵ月預けたが、子どもが「こんにちは」しか言えない状況を心配し、「心配になっても、それ保育所入れてからは、私が家でも日本語ばかりしゃべって」と、日本語使用に大きくシフトしていった。hも、子どもが中国から戻ったあと、日本の保育所に通わせるが、子どもから（ことばが通じないことから）保育所に行きたくないと言われ、心配になったと述べている。iもまた、中国から戻ってきた子どもの日本語力への心配から家庭内で日本語を教えようという認識に変化した。一方で、hに限って言えば、夫や保育園の先生と話し合いをもちながら、朝鮮語や中国語が話せることは良いことだと子どもに伝えていることから、日本語使用一辺倒にはならなかったと推察できる。

　以上からわかるように、親は子どもからのフィードバック（言語能力）を受けて、言語選択を迫られることになる。これは異言語間家族で生起する特徴の1つであるが、数ヵ月から1年以上に及ぶ子どもの一時帰国は、親に、より大きな不安をもたらす。実際に中国の親に預けていた子どもが日本に戻ってきたとき、日本語を忘れてしまったわが子を見てショックを受ける。ある者にとっては、これが子どもから受ける最初のフィードバックかもしれない。それを機に家庭での言語選択は母語使用から日本語使用へと大きく舵をきる結果になることもあれば、hのような複数言語使用への肯定的な意味づけが、日本語への傾斜に歯止めをかけることもある。子どもからのフィードバックが、親の言語選択を考えさせるのであるが、中国に残る家族、日本定住を後押ししてくれる家族の存在は、母語継承するうえでの1つの資源として有効になるが、その反面、日本語習得という面では大きな壁になるのである。

2.2　日本社会での多様な接触—日本定住を促す諸要因

　この項では、朝鮮族の「接触」に焦点を当て、その「接触」が民族継承において、どのような影響を及ぼしているのかを明らかにしたい。ここでの「接触」とは、(1) 夫との関係、(2) 日本人・日本社会との接触、(3) 在日コリアンとの接触を主としており、以下、その順にしたがって、筆者がインタビューした 6 名を中心に考察したい。

（1）夫との関係

　ｃは、2002 年に斡旋業者を介して来日している。後に朝鮮族の彼氏も来日し結婚にいたっている。インタビュー当時 (2013) は、4 歳の子どもをもつ 3 人家族である。夫はマッサージ店を経営しているが、経済的には厳しい状況にある。教育における夫の態度は、「子どもの教育に関してあまり、私に全部任せ、任せみたいに」と述べており、言語に関しては、夫婦間の会話の中で、「韓国語よりは中国（語）のほうがいいやろうって。これから中国の時代やから中国語（の）ほうがいい」という希望を語っている。しかしながら、ｃが「下手な日本語は話さないように」と夫に求めていることに対して、夫は応じてくれないと不満を述べ、子どもが間違った日本語を覚えることを心配している。また、子どもに関する相談相手は誰ですか、という質問に対しては「夫とはしゃべらない。保育（園）の先生。何でも保育（園）の先生。相談することあったら」と述べ、夫が積極的に子育てや教育に関与することはない。しかしながらｃは、夫との会話の中で、夫が子どもに複数の言語を習得させたいことを知り、そのことが子どもを小学校の夏休みに韓国や中国に一時帰国させ、また将来留学させることができればという期待につながっている。ｃは、経済的な不安を抱えつつも、将来の留学という道を通して、子どもの母語の強化や中国語の習得を思い描いている。

　ｆは、小学校から高校まで延辺の朝鮮族学校に通い朝鮮語中心の生活を送っていた。その後は北京で仕事（通訳）をし、韓国にも仕事で訪れている。ｆは、朝鮮語と中国語の通訳だけでなく、日本語でも通訳できるようになるため日本への留学を選び 1997 年に来日した。夫とは、バイト先で知り合い、

子どもができたこともあり、そのまま結婚にいたっている。夫の子どもへの教育態度は、「君にお任せや」「普通でいいん違うか」と述べており、自身が積極的に関与する姿勢はない。また、fが子どもを医者にさせたいという希望を言うと、「子どもかわいそうやで。好きなことさせなさい」と述べている。これに対してfは、「それがちょっと日本人の考え方と私たちの考え方と違う」と述べ、「私たち」朝鮮族と「夫」日本人との違いとして認識している。そこには、fが様々な経験から子どもが日本で生きていくためには、周りの日本人が認める「何か」を身につける必要性を強く感じているからに他ならない。後述するが、様々な経験の1つに夫を通して認識する日本人の外国人への偏見、差別意識がある。それを感じることにより、子どもが医者を含めた専門職に就くことが重要であるという意識をいっそう強くもったのではないだろうか。また、fにとって、朝鮮族として身につける「何か」とは、バイリンガル、トリリンガルになること、高い学歴を得ること、医者などの専門職に就くことなどを意味している。それを達成することが日本社会で上昇していくうえで必要不可欠であり、そのための手段として名のある日本の学校に通わせることが考えられている。fにとって夫との「接触」は、日本人から認められるものを身につけなければ、日本社会では上昇できないという意識を強く感じさせることになったと考えられる。

　hは、1999年に来日し、バイト先で客としてやってきた朝鮮族の夫と知り合い結婚にいたっている。現在は、5歳と1歳の子どもがいる。教育に関する夫の態度は、「最初は相談します。相談して考え方違ったら、私（夫に）説明しますね。私こんなことしたいと言ったら旦那は任せるほうですよ。そうしたら、私は好きなほうにしますね」と述べている。hは、夫とは相談するが、最終的には自身の希望が優先され、任されている状況がわかる。そういう状況下でhがとる戦略は、英語、七田式（学習塾）、公文などの習い事をさせ、学校選択においては、日本のレベルの高い学校が目指されている。そのような学校選択を考える背景には、fと重なるところがある。日本社会で生き抜いていくための手段として高い学歴を得ること、また将来子どもが弁護士になることへの期待を達成させるためには必要なことであると捉えら

れているからであろう。また、家庭内での使用言語（韓国語、中国語）、家庭外で英語を習わせることによって、子どもがマルチリンガルになることが日本社会で生き抜いていけるための大きな資源になると考えているからだろう。

　iは、2000年に来日し、学校に通いながらアルバイトをしていた一番大変なときに、朝鮮族の夫と出会ったという。その後、結婚し、インタビュー当時（2013）5歳の子どもがいる。教育に関して、夫とはよく相談するといい、言語については「どうしたらいいかっていうのは、ベストの方法を話します」と述べ、現在、子どもへの母語継承を意識的におこなっている。また、子どもが日本の保育園に通っていること、夫が家庭内で日本語を使用していることで子どもは日本語中心になっていることを受けて、iや夫は、「子どもに何とか中国語であるか、韓国語であるか教えようという気持ちはすごくあるんですけど、（中略）英語も教えたいですね」と、マルチリンガルへの期待を強めている。夫が日本語中心になるのは、夫自身が子どもの前で延辺訛りの朝鮮語を使いたくないことが背景としてあり、仕事（貿易関係）で標準語（韓国語）を使っているiが、母語継承（会話中心）をおこなっている。また、友達が中華学校を選択の視野に入れていることに対して、「（私たち）夫婦とも、なぜかそこはあまり、あまり考えずに、なぜか英語教育しながら、いずれか（中略）アメリカも視野に入れるのがあるから」と、将来は日本以外の居住地を考えている。

　jは、2001年に来日し、朝鮮族の夫と結婚、3人の子どもがいる。jの語りからみる夫の学校選択への態度は、「うちの旦那は絶対日本の学校、中華学校は行かせない。うちの旦那はね、あまり中国が好きじゃないんです」と述べている。そこには、夫が仕事を通して感じた、日本人への好印象（あいさつ、電話の対応などの丁寧さ）があり、それに対して中国人、韓国人には良い印象をもっていないことが、夫の日本の学校選択につながっているという。j自身は、学校選択は非常に悩んだことを述べていたが、最終的には3人目の子どもが生まれたことにより日本の学校が選択されたことが、次の語りからわかる。「主人がどんだけ言っても（反対しても）、私は絶対にそうし

た（中華学校を選択する）と思ったけど、3番目の子どもができて、ここで住もうと決めたから」と、3人目の出産は帰国への道を閉ざし、将来の居住地が日本になったことを表している。つまり、jにとって、子どもを中華学校に通わせる意味づけ（家族の再定住の可能性）が変化したことがわかる。

kは、2002年に来日し、学生時代にバイト先で在日コリアンの夫と出会い結婚にいたっている。現在は、5歳の子どもがいる。kは、在日コリアンである夫から朝鮮学校について情報を得ており、そのことが大きく朝鮮学校を回避することにつながっている。後述する在日コリアンとの「接触」において分析しているが、kにとって、夫の語り「子どもを朝鮮学校に通わせるつもりはない」「朝鮮学校は教育が偏っている」は、学校選択における判断基準となり、夫からの情報を採用した結果であろう。実際に、k自身も夫の意向を受け入れており、朝鮮学校に通わせることは、大学進学において不利だと口にし、日本の学校を第一の選択肢として考えている。

(2) 日本人・日本社会との接触

本書の朝鮮族は、日本人、あるいは日本社会に対してどのような印象をもっているのだろうか。前述した韓国人NCの多くが、韓国と日本の文化的な差異を感じる中で、韓国人としてのアイデンティティを強め、そのことが韓国語の使用につながっていることを示した。一方、朝鮮族はというと、彼女たちの語りからは、中国と日本を比較することで生起するような葛藤やストレス、そのことを原因とした民族性の固持、執着といった態度はみえてこない。この項では、本書対象者の日本人や日本社会への態度を明らかにし、そのことが子どもの教育戦略とどのように関わっているのか考察したい。

cは現在、日本人との交際はほとんどない。職場においても日本人と関わる機会はほとんどなく、仕事と子育て中心の生活をしている。cにとって日本は、言語や生活の面で苦労した経験から、「最初は嫌だったかも」と振り返っている。しかしながら、日本は便利で住みやすいという印象をもっており、そのことが日本で住み続ける理由にもなっている。またcは、日本人との交際はないが、今までの経験から「日本人顔に出さないとか、そんなのあ

るよね。で、裏表あるよね、それは嫌やね」と語っている。cは、保育園で
も子どもを遅くに迎えにいくため、他の保護者と話す機会もなく、「友達は
おらん」と言っている。cにとって仕事以外の交際は、日本人への否定的な
態度が要因というよりは、むしろ「私が稼がなあかん」という経済的な不安
定さから、日々仕事に追われ制限されている。教育に関して言えば、日本
人、日本社会との葛藤やストレスが、民族性への固持、執着につながって民
族意識を強め、母語継承がおこなわれているのではない。前述したように、
子どもが中国へ一時帰国し、日本語を忘れたことを心配して、親子間の会話
は日本語中心になったが、それは間違いだと思ったことが母語継承の背景に
ある。以下の語りにあるように、そこにはc自身の気づきがあった。

**c：（母子間が日本語中心になったことに対して）今めっちゃ後悔してるけど、そ
の時ずっとずっとね、日本語が（の）上達が遅くてもいいから、ずっと韓国語し
ゃべっとったら、それで良かったと思うけど。私はそこで間違いして（間違っ
て）、日本語ばかりしゃべってて。ある日、何かご飯食べるとき何かおかずか、
玉子かぽろっと落ちたら「落ちた」って言って、「おっ、日本語だ」と思って、
最初のことば、私が聞いた日本語。それ間違いや、絶対。**

cは、子どもからのフィードバックを受けて、それが間違いだと気づい
た。本来なら、日本語を覚えさせようとした結果、子どもの口から日本語が
出たことは喜ぶべきことである。しかしながら、子どもの変化は、親の言語
選択を再考させることになった。現在は、家庭内での教育が重要だという認
識のもと、「9時から9時半くらいまで、それで韓国の歌を教えるね。結構
覚えてます。歌とか、韓国の歌とか」と、夜わずかな時間を使って韓国語を
使用している。

fは、対象者の中で唯一日本人の夫と結婚している。したがって、一番身
近にいる夫が日本人全体を反映しているかのように感じている。fは、夫が
節約するのを見て、「中国人の生活と日本人の生活と比べたら、日本人の生
活の節約ってすばらしい。中国人の暮らしは、ほんまに贅沢してるな」と語

っている。日本人の夫を通して、また中国との比較を通して、日本人はすばらしいと一般化されているのである。そこには、f自身が「パパ（夫）の友達何人（か）しか知らないね。あとは私の周りだったら、（子どもの名前）の保育系の日本人ってあまり交流しないですね。まだ家庭主婦やから、社会接触ないから、日本人の友達って本当（ない）」というように、日本人や日本社会に深くコミットしていないことが一般化されている要因として挙げられるだろう。また文化差異によるストレスも挙げられてはいたが、そのことが朝鮮族のアイデンティティを強め、民族への固持、執着となって、子どもに母語継承や民族学校の選択（希望）につながっているわけではない。逆に、夫が日本人であること、日本人への印象も良いことから、子どもが日本人であることは当然であり、筆者からの民族性を残したいかという質問に対して「日本の子でしょう。子どもは日本人でしょう。だから、一応せめて中学校までは日本の教育を受けさせたいっていうのはあります」と語っている。

　fにとっての母語は家庭内では自然に母子間で話されており、夫がいれば日本語になるという。そこには後述する夫の朝鮮語使用への嫌悪があり、f自身が夫を通して在日コリアンや朝鮮語に対する差別を感じていると言えるだろう。fは、夫が日本人だから子どもも日本人という意味づけのもと、日本の学校選択は当たり前の選択として捉えられている。

　次にhをみると、日本人や日本社会に対して以下のように語っている。

h：いい印象しかないです。正直に言って、10年間日本人の友達と言えば、ないですね。心から出してしゃべってる（話せる）友達がないですね。ほぼ同じ朝鮮族くらいです。環境もいいし、一番いいのは、環境がいいことですね。子どもを育てようとしてもいい環境だし、外でのサービスもいいし、地震さえなかったらずっとここで住みたいですね。

　hは、日本での生活に概ね満足しており、具体的に子育ての環境やサービスなどが挙げられている。そのことが「地元よりは、レベルが高いところがいいなと思います」と、日本の進学校が目指されている。他方、日本人との

交際においては友達がおらず、そのため朝鮮族と日本人との差異から生じる葛藤やトラブルはない。そのことについてhは、「あまり接触がないから」と述べている。cやhは仕事の多忙さや文化差異からくるストレスや葛藤、fも同様に、何らかのストレスが民族性を強めている感はない。概ね、日本人、日本社会への肯定的な態度が日本の公立学校選択への期待につながっていると言えよう。

　iもまた、hと同様に日本の環境の良さを中国と比較して、「（中国と）比較すると、まあ、治安的とか、国民に対しての待遇とか、いろんな環境問題とかかなり進んできてて、中国はいつ、そういうふうになるかっていうふうなことが凄くあって」と語っている。また教育に関しても、同様のこと（日本の教育の良さ）が述べられ、i自身も帰化することになった背景の1つに日本社会の環境の良さを挙げている。帰化の際、悩まなかったのかという質問に対して以下のように語っている。

i：その時考えたのは、子どものこと一番（に）考えたんですよね。永住権とるか、帰化するかという選択はあった（ん）ですけど、まあ、子どものためだったら、帰化というのはあるし（帰化という選択があるし）、日本で生活がいいじゃないかなっていうふうに思ったから。日本でずっと住んで（住むので）あれば、もう帰化、その時には、愛国心とか祖国とか、それよりも本当に目の前の生活に関わってる自分の身が一番大事だと。私（を）日本人に見て下さいとか、（そのような）気持ちは全然ないですよ。

　この語りから、iが帰化に抵抗がないのは、日本人や日本社会に対して肯定的に捉えていることを背景として、帰化を現実的な選択だと捉えているからであろう。これは日本に居住する朝鮮族だけの特徴ではなく、韓国に居住する朝鮮族の韓国籍取得数の増大[3]からもわかる。김현선(2011)は、韓国国籍取得と朝鮮族のアイデンティティとの関係を考察する中で、朝鮮族の帰化を分類（回帰帰化、在留帰化、婚姻帰化）して、それぞれの特徴を分析[4]している。本書の朝鮮族の大半は、김현선の言う在留帰化者である。韓国で

の朝鮮族の帰化と同列に扱うことは妥当ではないが、現実的な選択として国籍取得を考えている点（帰化への抵抗が少ない点）では共通しているように思われる。

　次に、ⅰの日本人との交際についてみると、「うち、友達って言ったら、うちはそうなる（朝鮮族の友達になる）。（中略）チャンスがあれば、日本人の何っていうんですか。家族とかでも一緒に遊ばせたい気持ちは凄くする（ある）んですね」と語っている。ⅰにとって日本社会は環境の面で中国よりも進んでいるという認識がある。他方、日本人との交際は限定されてはいるが、子どもを通して日本人の家族と付き合っていきたいという期待を抱いている。ⅰにとっても、日本の環境の良さというものが日本での定住、日本の学校を選択する要因として挙げられるだろう。

　ｊは、日本社会の環境よりも日本人の礼儀について肯定的に捉えている。筆者が子どもの配偶者選択について質問したとき、「日本人も本当にすばらしい民族だから、あの、それでも正しく、人間らしく、育ったらそれでも結構みたいな」と述べている。他にも、日本人を称える語りが多々ある。ｊは日本人の「すばらしさ」を認識する中で、子どもが日本人と結婚することについても概ね賛成であり、中国人、韓国人と比べることによって、いっそう、その意識を強めている。ｊにとって日本人の印象は、中国で受けた教育（日本は悪い）によって悪い印象を受けていた。しかしながら、実際生活をしてみると、日本人の礼儀作法、東北での震災での様子を見た中国の家族から「日本人はいいね」と、日本人の民族性を称えられることにより、日本人はすばらしいと世界が認めたという認識をもち、日本人は「すばらしい」という認識を強化していった。

　一方ｋは、日本人や日本社会に対しては、語りは少ないものの、日本人との葛藤や文化差異による強いストレスのようなものは聞かれなかった。また夫は、日本人中心の交際をしており、日本人への印象も良く、「日本人への敵対心はない。日本人も話をすればわかってくれる」と、逆に「日本人へ敵対心をもつ在日は嫌い」と明言している。

　以上からわかることは、本書の６名の朝鮮族は、日本人や日本社会に対

して、肯定的な態度をもち、そのことが日本に住み続けることへの期待、国籍変更を含めた将来展望を形成し、教育戦略(日本に軸足をおいた戦略：日本の学校に行かせることの希望)にもつながっていると推察できる。そこには、日本人との「接触」や実際の経験を通して母国との比較がされ、新たなハビトゥスが形成された結果であるとも言えよう。

(3) 在日コリアンとの接触

　本書の朝鮮族は、大阪を中心とした在日コリアンの集住地域を媒介として、程度差はあるものの在日の存在を知り、在日の歴史を知り、民族学校についての情報も得ている。朝鮮族が先住している在日コリアンと「接触」することで、どのような影響を受けているのだろうか、あるいは受けていないのだろうか。教育戦略(学校選択と家庭内での使用言語)の観点から考察したい。

　朝鮮族にとって、学校の選択肢として挙げられるのは、中国にある学校と日本の学校に分けられる。中国にある学校としては普通学校(朝鮮族は、普通学校を「漢族学校」とも呼ぶ)と朝鮮族のエスニック・スクール(朝鮮族学校)に分けられ、日本の学校としては普通学校(公立学校と私公学校が含まれる)か、あるいは韓国朝鮮系の民族学校、中華学校、インターナショナル・スクールなどが考えられる。

　これから学校選択に直面するd以外の対象者に目を向けると、a、b、f、g、h、i、j、kは今後も日本での生活を考えていることから、日本の学校に通わせることになると想定し、一方c、eは、子どもを中国で学校に通わせるのか、日本で通わせるのかどっちつかずの状態でいる。日本の学校に通わせると予測するaは、以下のように語る。

　a：それは今、実はすっごい悩んでるところです。今生活もこういう状況になってるし、でも死ぬまで本当に埋めて、日本に骨を埋めてっていう覚悟ができるかどうか、(中略)例えば小学校に入るとか、そのときもう一回考えなおす時期かも知れませんけど、今はとりあえず、日本に住み続ける方向で考えています。

帰りたい気持ちも凄くあると思いますよ。

　ａは、日本でマンションを購入し、現時点での帰国は考えていないが、将来の帰国への期待も強い。このように生活の基盤が形成されつつあるａにとって、帰国の期待とは別に日本でやっていかなければいけない現実があり、それに付随して日本の学校（公立学校）へ通わせると予測している。その背景には、ａの夫が日本人の朝鮮人生徒へのいじめ問題を取りあげて、家の近所に朝鮮学校があることも知っているが行かせないと語ったことがあり、そのことが要因としてあるのかもしれない。そして、大学への進学において、姉から得た情報により、子どもを日本の国籍を取らせたうえで、中国の北京にある名門大学へ進学させることも視野に入れている。日本国籍に帰化し、外国人として進学しないかぎり、その期待は現実的には難しいということも承知しているのである。いじめに関しては、ｅ、ｇも朝鮮人へのいじめが朝鮮学校を選択しない理由として挙げている。

　ｂもａと同様にマンション（コリアタウン内）を購入しており、現時点では帰国は考えていない。帰化は絶対しないが、日本に長く住むには、マンションを賃貸で借りるよりは買ったほうが安くつくという考えからローンで購入している。なぜ、コリアタウンの近所なのかは、韓国料理がすぐ手に入る市場があり、保育園が家の近所から近いことが理由として挙げられている。ｂの長女は、中国から来日して間もない時期にコリアタウン近隣の幼稚園に通い始めている。その幼稚園では、毎週水曜日に朝鮮語の授業がおこなわれているが、それが、ｂのコリアタウンへの移動を促したのではなく、現実的な選択であったと思われる。現在のｂの思い描く学校選択は、日本の公立学校が想定されており、朝鮮学校や中華学校は経済的理由から選択肢には含まれていない。

　他方、日本人の夫をもつｆの場合、すでに永住権を取得しており、帰国についてはまだ考えていない。今の状況では、おそらく日本でずっと子育てをすることになると考えている。そういったことからｆは、「子どもは日本人だから、日本で教育する」と述べている。また、学校選択では、日本の名門

小学校とインターナショナル・スクール、あるいは英語圏の国への留学など
を視野に入れ、「正直に（言えば）朝鮮語は教えなくてもいい。この世の中は
中国語と英語が重要だから、インターナショナル学校に行かせたい」と、以
前のインタビュー（2010）では述べていたが、その後のインタビュー（2013）
では、インターナショナル・スクールへの期待は聞かれず、日本の学校選択
への希望のみが語られた。fにとっての日本の学校選択は外国人である子ど
もが日本社会で生きていくため、日本社会で活躍できるための戦略でもあ
る。その背景には日本人夫との接触が学校選択に影響を及ぼしていると考え
られる。以下に挙げるfの夫についての語りは、夫を通して在日コリアンと
間接的に「接触」した事例である。夫の在日コリアンへの語りは、日本人、
日本社会の在日コリアンへの見方、外国人への見方として一般化されてい
る。

**f：（子どもの名前）のパパね、（在日の）知り合い結構おるんやね。キョッポ（在
日）もおるしね。○○グループ会長とかみんなよく知ってるけど、今、（子ども
の名前）のパパ、「所詮キョッポ（在日）やね。所詮キョッポ（在日）や」と言う
よ。どう思う、日本の島国根性って。（中略）本当に庶民の暮らし（だっ）たら大
きな問題はないけど、もうちょっとレベルアップしよう思ったら難しい、難し
い。**

　fは身近な人物である夫から、日本人による日本社会での在日コリアンへ
の偏見を経験する中で、その偏見、差別的な眼差しが、日本社会全体の在日
コリアンへの見方として認識されている。そして、子どもが複数の言語を習
得し、誰からも尊敬できる職業につくことが日本の主流社会に入る手段だと
捉えられるようになった。そのことが現在の学校選択につながっている。
　gの場合、家族全員が日本の国籍を取得してはいるが、中国の漢族学校へ
の進学も考えなかったわけではなかった。なぜなら、子どもが延辺にある実
家から漢族学校に通うことによって、朝鮮語と中国語を同時に習得できると
思ったからである。しかしながら、自分の子どもは自分で育てたいという思

いから、日本での教育を選択した。日本での学校選択において、gは日本の公立、または私立の名門小学校を目指している。その背景には、朝鮮系学校について肯定的なイメージをもっていなかったことが挙げられる。彼女は、コリアタウンでの在日コリアンとの「接触」を通して感じたことの1つとして、在日は朝鮮学校を卒業しても朝鮮語があまり上手ではなかったと回想している。朝鮮語があまり上手ではないと判断するのには、朝鮮族学校に通った自身や周りの朝鮮族との比較がその背景にあるようである。

　cは、在日コリアンについて意識したことがないと述べ、滞日歴10年になる自分でも日本語ばかり話しているのに、日本生まれの在日コリアンは当たり前、という認識をもっている。このような自身の体験と在日コリアンとの「接触」から朝鮮学校に子どもを通わせても朝鮮語を継承できないという判断があったと推察できる。cは以前のインタビュー（2010）では、在留資格が不安定（1年おきのビザ付与）であることから、帰国を想定した場合と日本で定住する場合とに分けて学校選択を考え、中国へ帰国した場合、居住する場所にどのような学校があるのかによって学校を選択すると語っていた。日本に滞在する場合は、中華学校と日本の公立学校の両方を想定し、中華学校への選択は、中国語を学ばせるためであるとしている。しかしながら、2回目のインタビュー（2013）では、「どうせ日本に今おるや。また日本において、中華学校とか韓国学校とか行かせたって何の意味もない」と変化を示している。また自身が中国で日本語を10年勉強したが来日当初日本語がまったくできなかったこと、あるいは以前のインタビュー（2010）で述べた「生まれ育った家庭での母との経験（母子間の朝鮮語使用）」から、朝鮮語をわざわざ学校に行かせてまで学ばせる必要性はなく家庭で継承できるという思いに支えられ、意味づけが変化したと考えられる。

　eは、中国へ帰国した場合には漢族学校を選択するだろうと想定し、その理由として「中国人だから、中国語を学ばせたい。私自身は中国語があまりできないので、子どもには中国語を教えたい」と述べている。eは、日本での永住権を得れば、日本の公立学校に通わせて、日本語を学ばせたいと思っている。日本にある中華学校も一応視野に入れているものの、経済的な理由

から悩んでおり、朝鮮学校への選択については、日本社会における在日コリアンへのいじめを気にしている。そのことが朝鮮学校の回避へとつながっていると推察できる。

他方、dはすでに学校選択をしており、現在子どもを日本の公立学校に通わせている。日本の公立学校を選択した理由について、「日本にいるから、日本の学校を選び、朝鮮学校、中華学校、インターナショナル・スクールへの進学は考えてもいなかった」と語っている。dは、子どもが3歳5ヵ月のときに来日して日本の幼稚園に入れたが、それ以前には朝鮮族幼稚園と漢族幼稚園にも通わせた経験がある。また、小学校は日本の公立学校に入学させたが、その後、2年生の後半に子どもを中国の漢族学校へ編入させた。1年半の間、子どもを漢族小学校に通わせ、4年生になる頃に再び日本の公立学校に編入させている。そして、朝鮮語と中国語を維持させるため、6歳から毎週日曜日は教会に通わせ、そこで中国語や朝鮮語を学習させている。dについては在日コリアンとの「接触」が学校選択にどう関わってきたのかはわからないが、d自身は、宣教師として子どもが国際的に活躍してほしいという強い期待を抱いている。

hは、在日コリアンとの「接触」において「在日はほぼ日本語でしゃべります。自分が在日だと言いながら」と、店に来る在日コリアンのお客さんと接する中で、在日コリアンを日本語しか話せないコリアンとして意識している。hにとっての韓国朝鮮系の学校選択は眼中になく、その背景には家庭内で母語継承は可能であるという中国での経験があるからである。

h：うちも子どもの頃から、環境がそうだったんですね。家で韓国語で、外で中国語だったんですよ。子どものとき、それプレッシャーだったんだけど、社会に出てからめっちゃ役立つんですよ。私、三ヵ国語しゃべったらもっと役立つんじゃないかって。

hは、母国での経験を支えに家庭内での母語継承は可能であるという認識から家庭内で朝鮮語、中国語の両言語を教えている。また在日コリアンとの

「接触」を通して、生まれ育った環境が異なると意識しつつも、在日コリアンの存在がhの教育戦略に直接的な影響を与えたとは言い難い。むしろ、家庭内で母語使用ができない在日コリアンの状況と朝鮮族の家庭内で母語が使用されてきた自身の経験との比較を通して、家庭内での継承の重要性をあらためて感じているとも解釈できる。

iからは、直接的に在日コリアンとの「接触」の有無は聞かれなかったが、筆者から教育問題を考える際、在日コリアンの経験や差別などを聞いたことがあるかといった問いに以下のように答えている。

i：学校選択、私今ね、保育所だけ行かせてるんですけど、ちょっと差別とか、そういうふうに心配してるんですけど（中略）自分の個人個人の問題だと思いますし、その子ども人々（個々）の問題であって、この人は必ず在日であるから、みんながいじめたりっていうのは、日本は、それはもう（乗り）超えたんじゃないかなっていうのを、保育所行かし（せ）ながら認識してるんですよ。

以上からわかるように、iにとっての日本の学校選択は、いじめを気にして避けるものでなく、保育園に通わせてみる中で、在日コリアンだから、朝鮮族だからいじめられるのではなく、いじめる側、個人の問題であると認識されている。

jは、在日コリアンとの「接触」から在日の印象を「在日、民族意識が強い、それが言語教育につながっている」と述べている。jの学校選択は、自身を中国人としてアイデンティファイしており、中華学校を第一の選択肢としながらも、学校選択は非常に悩んだという。他方でjは、韓国系の教会に参加し、そこでのネットワークを築いていく過程で、子どもには「民族よりも聖書に沿った生き方をしてほしい」と述べている。「朝鮮族としてアイデンティティをもって生きていってほしいとは思わない」という語りからも、民族から距離を置いているところがある。しかしながら、jにとっての学校選択は、聖書の教えを前提としている面ではどの学校でも良いように思うが、実際には中国語習得の期待や自身を中国人としてアイデンティファイし

ていることなどが、学校選択を悩ませたのだろう。jの学校選択への語り
は、非常に内的一貫性[5]に欠けてはいるが、それこそがjの悩み、迷いとい
ったものを表している結果ではないだろうか。

　kは、対象者の中で唯一在日コリアンの夫をもつ朝鮮族である。kの夫が
在日コリアンであることは興味深い。kは留学しているときにバイト先で夫
と出会って結婚にいたっている。夫は朝鮮学校出身者であり、在日コリアン
であることをわざわざ公言しないまでも、隠していることもない。kは「子
どもが朝鮮語行ける（学べる）学校があれば教えてもらいたい」と述べたが、
その選択肢に朝鮮学校は含まれていない。また「子どもが朝鮮学校を卒業し
ても（卒業）資格が、その後が」と、朝鮮学校などの民族学校に通わせるこ
とのデメリットについて語っている。朝鮮学校回避は、夫の意向が強く「朝
鮮学校は教育が偏っているから」と、夫は自身の経験からそう感じ、はっき
りと「子どもを朝鮮学校に通わせるつもりはない」と断言している。また、
kは夫から朝鮮学校の各種学校としての位置づけ、日本の学校との制度上の
違いなどを聞いている。そのことで朝鮮学校は選択肢に含まれず、朝鮮学校
以外で学べる場所があれば「教えてもらいたい」、ということばとなってあ
らわれている。

　また言語使用に関しては、家庭内で朝鮮語を使用する機会はあるものの、
夫婦間、母子間は日本語中心になるという。しかしながら、朝鮮語の継承は
延辺の家族や夫の意向もあり、絵本を使うなどして意識的に教えているとい
う。加えて、夫のもう1つの期待が中国語習得である。そのために中華学
校の選択も視野に入れている。現在は、小学校3年生ぐらいまでは日本の
学校で、その後は、中華学校かそのままか判断することになると述べてい
る。kにとっての学校選択は、夫から強い影響を受けていることがうかがえ
るが、そこには夫の意向を聞き、夫の意向を受け入れている姿がみられる。
しかしながら、そこには夫の「（教育について）妻は考えを言わない」とい
う語りが意味するもの、つまり夫婦間の関係性にも十分に注意しなければい
けないだろう。

　以上のようにa、b、c、e、f、g、h、i、kは、日本で学校を選択する場

合、日本の公立または私立学校を選択すると想像し、一方、dはすでに日本の公立学校を選択しており、これからも日本の学校を選択することになると考えている。jもまた日本の学校を選択しようとしているが、当初の学校選択の悩みは、当の子どもからのフィードバックを受けて変わる可能性もあるだろう。彼女たちの母語継承や学校選択の背景には、親自身の母国での経験、言語の威信性への認識など、様々な要因が挙げられるが、その1つに在日コリアンとの「接触」が、彼女らの教育戦略に影響を与えていることがわかる。

2.3 朝鮮族の延辺での経験と日本での経済的基盤

韓国人NCが母国と日本の文化差異や日本人との「接触」において様々な葛藤を抱く中で、ある者は帰国願望を高め、韓国的なものへの固持、執着につながり、それが母語継承や韓国人としてのアイデンティティを子どもにもたせることへの期待となっている。またある者は、来日初期の様々な葛藤を経て、日本社会に強くコミットする過程で、自分なりに日本人との関係（付き合い方）に折り合いをつけながら日本社会に適応している姿が浮かび上がったことはすでに示した。一方朝鮮族はというと、日本での経験を聞く過程で、韓国人NCほどの強い葛藤は聞かれなかった。むしろ、来日後から日本人、日本社会への肯定的な態度を形成し、それが家族を含めた将来展望を描く素地になっていると思われる。そのことが、日本の公立学校を選択させようとする／させていると分析した。この項では、他の要因として、彼女たちの母国での家庭での経験、日本での経済的基盤に焦点を当て、前者では母語継承、後者では学校選択との関わりを中心に考察したい。

(1) 中国延辺での経験

本書対象者の朝鮮族の典型的な語りにあらわれているものに、朝鮮語は家庭内で教えることが可能であるという語りがいくつもある。それは、彼女たちの家庭内外での経験が素地となっているからであろう。その一方で、おさえておかなければいけないことは、家庭内外で朝鮮語が使用できる環境が整

えられていたこと、つまり、中国政府の少数民族政策によって公的に朝鮮語を学ぶ権利が認められている社会的な背景があったということである。彼女たちは、日本で母語継承の限界を感じる中においても、自身の延辺での経験を支えに家庭内で実践をおこなっている。

cの家庭での使用言語が朝鮮語であることは、親の言語能力と関係がある。cは家庭での経験を振り返って、「私ね、30何年中国に住んでて、うちの父親中国語しゃべったこと、本当に指を数えるくらいやったけど」と述べ、親子間の会話がほぼ朝鮮語でおこなわれていたことがわかる。また、言語習得に関しては、夫が韓国語、中国語習得を望んでいることを受けて、「ことば（の習得）は、そんなに難しいことではないと思うね」と述べている。また、韓国語の読み書きについては、いつから始めようか考えている最中ではあるが、「そんなに難しくはないですよね」と述べている。前述したように、cがことばの継承を民族学校に求めておらず、家庭内で最低限のこと（読み書き）ができれば、「自分で勉強したら絶対できるよ」という自信がある。その自信は、cが家庭内で自然に朝鮮語を習得してきたこと、日中韓のトリリンガルとして生きてきた経験が背景にあるのだろう。

fもまた、中国延辺での生活を振り返って、生活のほとんどを朝鮮語で過ごしていたことを述べている。fにとっての現在の朝鮮語の使用は、継承させたいという強い期待ではなく、「自然に朝鮮語が出てくるよね」と、自然な会話として、あるいは夫がいないときには朝鮮語を意識的に使用している。fにとっては、中国語習得への期待が強く、「私も一応中国語も覚えてくれたらいいなって、いずれは中国語のほうがいいでしょうね」と、中国語習得は子どもが生きていくうえでの道具的な意味づけがされていることがわかる。

hもcやfと同様、家庭内での朝鮮語の使用は、自然に、意識的にされている。hは、「うち朝鮮語しゃべるので、朝鮮語は家で教えて、この裏に（文字を）貼ってるんですよ」と、意識的に文字学習をおこなっている。また、子どもの頃の経験を振り返って、「うちも子どもの頃から、環境がそうだったんですね。家で韓国語で、外で中国語だったんですよ」と語り、家庭内外

での言語の使い分けが社会に出てから役立ったことを述べている。そのことが、現在の朝鮮語、中国語使用という実践につながっている。また、以下の語りにあるように、複数言語使用が朝鮮族としてのアイデンティティを支える要素となっていると言えるのではないだろうか。

　　**h：私は朝鮮族に誇りをもってます。三ヵ国語もしゃべれるし、朝鮮族というの
　　はがんばり屋なんですよ。だから、中国人の内面、日本人の内面、韓国人の内
　　面をうちらがもっています。私、うちらの小さいときの環境はいろんな国の文
　　化を習ってるんじゃないですか。その中で、自分で一番いい面をとって、もち
　　ろんみんなそうじゃないけど、一番いい面をとって、やっぱりこう、自分にプ
　　ラスになることが多いですよ。そうみたら、私朝鮮族というのは、誇りもたな
　　いとだめやなと思います。**

　　hにとって、複数言語を習得することが、朝鮮族としての自身をアイデンティファイすることにつながっている。また自身も含めた朝鮮族全体にとって中国延辺での経験や日本への越境経験が、朝鮮族の「がんばり屋」としてのアイデンティティ形成の素地になっていると推察できる。
　　iもhと同様に、延辺での朝鮮族学校に通っており、家庭内外では朝鮮語使用が当たり前の環境で育ってきた。そして、朝鮮族であれば朝鮮族学校へ行くことが当たり前の選択として述べられており、漢族学校の選択肢はなかったという。現在の家庭内での使用言語は、日本語中心であるが、母子間においては「韓国語、私が基礎を教えたり」と、会話中心に教えているという。日本での学校選択においても、自身がネイティブ話者であることから、民族学校選択は眼中になく、朝鮮語習得に高い費用を払ってまで投資する必要はないと捉えられている。そこには、家庭内で継承が可能だという認識があるからである。
　　j、kについては、中国での経験は詳しくは聞かれなかったものの、出身地域、朝鮮族学校に通っていたことを思えば、家庭内外で朝鮮語が使用されていたことがわかる。また、j、kともに、自身の言語能力に関して、朝鮮

語のほうが得意であると述べていることからもわかる。jにおいては、家庭内では、母子間の使用言語は朝鮮語であり、子どもは朝鮮語を話し、理解しているという認識をもっている。kにおいても、朝鮮語を使用する機会は多いという。jは、子どもが韓国語をずっと話してほしいという期待もあり、家庭内での母語使用は、意識的におこなわれていることが想像できる。しかしながら、文字学習までは、日々の忙しさからできないという。kは、朝鮮語を話す機会は多いと言いながらも、夫の言語能力などから、日本語中心になると述べ、韓国語は意識的に絵本などを使って教えている。しかしながらkは、朝鮮学校以外で「朝鮮語いける（学べる）学校があれば教えてもらいたい」と述べている点で、他の朝鮮族女性と異なっている。その背景には、fの夫（日本人）以外は、夫が朝鮮族であるのに対して、kの夫は在日で民族学校に通ったにもかかわらずネイティブ話者でないことから家庭での朝鮮語使用の限界、継承させることの難しさを感じているからだろう。

　本書の対象者cを除く全員が延辺出身であり、対象者全員が朝鮮族学校に通っている。彼女らは、中国では1世以降の後世代にもかかわらず、朝鮮語を使用していることは驚くべきことである。彼女らは、自身の経験を支えにして、母語継承をしていることがわかる。しかしながら、その教育戦略は、子どもからのフィードバックを受けて動的に変化している。本書対象者の大半の子どもが就学前後であることから、今後、どのようなフィードバックを受けて、教育戦略が変化するのかはわからない。そういった意味で、次章における在日コリアンの民族継承は、朝鮮族の今後をみていくうえで、1つの座標軸となりうるだろう。

(2) 朝鮮族女性の経済的基盤

　cは夫の経営するマッサージ店がうまくいっておらず、日本での生活について、あるいは将来を設計するにあたって、「経済的な問題が一番大きいね」と述べている。そして、「私が稼がな苦しい」と述べながらも、子どもを塾やピアノ教室に通わせることを期待している。子どもの才能を見い出すためにはいろんな習い事をさせたいが、経済的に難しい現状を述べている。

しかしながら、韓国朝鮮系学校や中華学校へ通わせることは含まれていない。そこには前述した意味づけが大きいとも思われるが、いずれにしても経済的な問題が習い事などを抑制していることがわかる。さらにｃは、自身の経験から、「だいたい、日本に住んでいる、あの、私たち朝鮮族って、そんなに豊かじゃないから、片方の親が仕事やりながら、子どもを何か専門させる（エリート教育を受けさせる）とか、ほとんどないと思う」と、自身の経験から、在日朝鮮族の経済的基盤の脆弱さを述べている。

ｂもまた学校選択においては、日本の公立学校が想定されており、朝鮮学校や中華学校は経済的理由と仕事の忙しさから選択肢には含まれていない。

ｅも同様、日本での永住権を得られれば、日本の公立学校に通わせて、日本語を学ばせたいと思っている。日本にある中華学校も一応視野に入れているものの、経済的な理由から悩んでおり、経済的な問題が選択肢を狭めていることがわかる。

一方ｆは、夫が日本人だから子どもも日本人であるという認識のもと、中学校までは日本の学校に通わせると述べている。ｆが考えている日本の学校とは、レベルの高い、評判の良い学校を意味している。2010年のインタビュー時は、小学校からインターナショナル・スクールへ通わせることの期待が述べられていたが、現在は変化してきている。その背景には、前述したように、子どもは日本人であるから日本の学校に通わせることは当たり前の選択として、また、日本で外国人の親をもつ子どもが社会的に上昇していくための手段として捉えていることがあるだろう。ｆは、安定した経済的な基盤と、子どもが日本人であること（でも完全に日本人ではない）という認識のもと、子どもの社会的上昇を果たすうえで、学校選択がおこなわれようとしている。

ｈは、来日当初の経済的な苦しさを挙げつつも、現在は「経済的には、そうですね。落ち着いていますね。子どもは２人育つのはちょっと足りないくらいですね」と述べている。一定程度の経済的なゆとりが、学校選択において公立学校を第一に考えながらも、私立の小学校や中華学校を選択肢として考えられる要因になっている。また、現在の多様な習い事（七田式、公

文、英語教室）をさせることにもつながっている。

　ⅰは、来日当初は、勉強やアルバイトで「一番しんどい時期」だと振り返っている。現在は、夫の名前で住宅ローンを組み、自身も貿易関係の職についていることから、比較的安定した生活を送っており、そのことが当面日本に住み続ける、仕事をするといった将来展望を形成している。また、子どもが将来、留学などでアメリカやヨーロッパへ行く場合のことも視野に入れ、一緒について行くのか、仕送りをするのかまで考えている。しかしながら、日本での学校選択においては、すでに述べたように日本の学校が考えられており、それは経済的な理由からの消極的選択ではない。ⅰは、「英語だったら、それくらい投資し、お金払いながらネイティブの人に教えてもらったりするけど、うちら自分が韓国人ネイティブなのに、わざわざ他人にお金を払いながら、そこまでするかって言ったら、それがプライド的に」と述べている。ⅰが投資するに値するのは英語教育であって、韓国語ではない。家庭内で十分に教えられるという認識があるからである。

　ⅰは、日本で仕事をしながら子どもに朝鮮語を教えるのに限界があるとしながらも、できる範囲で朝鮮語での会話を試みている。ⅰの語りからは、日本での経済上の不安は聞かれず、むしろ、家族で中国に帰国した際の経済上の不安を述べている。それは、中国への帰国は現実的ではなく、日本での生活基盤ができあがっているからである。学校選択においては、日本の学校が第一の選択肢として挙げられてはいたが、最後まで中華学校にするか悩んだという語りからは、経済的な理由で中華学校をあきらめたというわけではないことがわかる。

　ｋはアルバイトをしながら子育てをしている。夫は、自営業で営んでおり、経済上の不安は聞かれたものの、そのことが消極的な日本の学校選択とはなっていない。むしろ、韓国朝鮮系の学校は、夫の経験（朝鮮学校へ通わすことのデメリット）を聞く中で避けられ、日本の学校から中華学校への編入などが考えられている。その背景には、一定程度の経済的基盤のうえに、中華学校を選択肢に入れること、海外の大学に行かせることの期待があるからだと言える。

本書の朝鮮族対象者は、留学から含めると滞日年数は、gを除いて10年以上あり、その間に結婚、就職、子育てを経験している。それらのことを思えば、生活基盤はすでに日本にできており、家族を含めて帰国することは現実的ではない。生活基盤の安定は、将来展望を形成し、日本での生活を軸として、教育戦略（主に学校選択）がたてられていることがわかる。彼女たちにとって、経済的な不安定さから日本の学校を選択しようとしている／したというよりかは、むしろ、「日本に住むから日本の学校で良い」といった、自然な選択として意味づけられているのではないだろうか。そのことは、民族継承を断念することとイコールではない。彼女らにとって、民族継承は家庭内ですることで、あるいは朝鮮族のルーツを教えていくことで可能だという認識があると言える。しかしながら、c、d、eのケースのような場合、経済的な理由により選択肢は大きく制限されることも事実である。韓国朝鮮系の学校を回避することは、経済的要因ではないことが語りからうかがえるが、c、d、e、特にcの厳しい経済状況は、学校選択、習い事の有無に大きく影響を及ぼしている。そのことを思えば、他の対象者もまた、日本で経済的基盤を失うことで、現在とは別様の戦略の練り直しがされ、学校選択も変化する可能性も十分あるだろう。

いずれにせよ、対象者の多くは、学生時代の苦学、生活苦を乗り越え、現在一定の生活基盤、経済的基盤を築き、その過程で得た経験や比較的安定した経済的基盤を背景に、教育戦略をおこなっている。

3. まとめ―民族継承の一形態

この節では、本書対象者である朝鮮族の教育戦略を、時間軸に沿って以下の図からまとめる。その際、志水・清水編（2001）、額賀（2013）が示した分析モデル、フィッシャーの「下位文化理論」での概念を援用しながら考察したい。

まず、本書対象者の朝鮮族（gを除く）は、留学生という位置づけで日本に越境し、I期においては経済的に厳しい状況下、学費を稼ぎながら日本語学

第 3 章　朝鮮族の民族継承　97

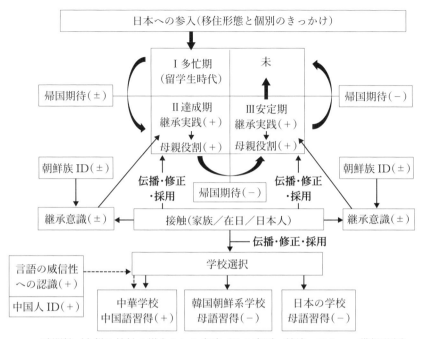

　　　時間軸（多様な接触を媒介とした意味づけの変遷＝越境ハビトゥス獲得過程）
　　＊継承実践は、家庭内での母語継承実践
図 5　朝鮮族の教育戦略

校、大学へ通い、日本社会に定着していった。Ⅰ期での日本での生活の厳しさは、帰国期待を強めるものの、目的（卒業、就職など）が達成されない状況での帰国は現実的ではないと考えられる【＝帰国期待（±）】。

　やがてⅡ期において、就職、結婚が果たされることによって、Ⅲ期に向かって日本での生活は安定化していく。その際、夫や日本人、日本社会との多様な「接触」は、中国との比較を余儀なくし、日本人、日本社会を肯定的に捉えることにより、日本での定住志向を、いっそう強めていく。また、日本社会での様々な「接触」が教育戦略をたてるうえでの大きなファクターとなり、ある者（k）は在日コリアンの夫から朝鮮学校の情報を伝播され、朝鮮学校は回避され【＝母語習得（－）】、日本の学校を第一に考えるようになる【＝母語習得（－）】。またある者（f）は日本人夫から日本人、日本社会の在日

コリアンへの偏見が伝播されることによって、民族学校は回避され、日本の学校を第一に考えるようになる。また、jのように朝鮮族夫からも、夫が日本人や日本社会との「接触」において形成された肯定的な日本人への態度を知ることによって、それら伝播された情報を検討、採用しながら教育戦略がたてられていく。その結果に加えて、他の要因である経済的要因、あるいは上昇を果たす手段として日本の学校へと回路づけられる。

　一方、中国語習得への期待は、中華学校を選択肢の１つに含む【＝中国語習得（＋）】ことになるが、e、jのように自身を強く中国人としてアイデンティファイしていることも中華学校を選択する／しようとする要因となる。他方、いずれの対象者も朝鮮語習得のために韓国朝鮮系の学校は考えられておらず【＝母語習得（－）】、選択肢に含まれていない。朝鮮語の継承は、彼女たちにとって、費用を投資してまで通わせる意味はなく、中国延辺での家庭内外の経験が１つの座標軸となって、家庭内で継承がおこなわれ、ある程度継承は可能だと思われている。その際、子どもとの「接触」（フィードバック）から一時的に日本語使用に大きく舵をきったり、戻したりしながら家庭内では意識的に、あるいは自然に朝鮮語が使用されている。しかしながら、前者の意識的な実践は母親役割を強化する【＝母親役割（＋）】。アイデンティティとの関わりで言えば、朝鮮族としてのアイデンティティは、韓国人NCのような経験を経て民族性に固持・執着することはないという意味で、朝鮮族としてのアイデンティティを相対化しているように思われる【＝朝鮮族ID（±）】。したがって、韓国人NCのような韓国人であることを強く意識させるような教育戦略ではなく、延辺での経験を支えにした夫婦間の自然な母語使用、母語継承実践、学校選択（主として日本の学校）をおこなっている／おこなおうとしているところに違いがある。

　Ⅲ期では、すでに日本社会での生活基盤ができていることから、彼女たちにとって、１つの目的が果たされたという「達成の物語」を形成したと言える。Ⅲ期になると、帰国は現実的でなくなっている【＝帰国期待（－）】。このことから、教育戦略も日本に軸足を置いた教育戦略へと変化する。それが、日本の学校を選ぶという回路を進ませる要因であると考えられる。しか

しながら、Ⅳ期において今後どのような展開をみせるのかはわからない。子どもからのフィードバックを受けて、あるいは様々な「接触」から意味づけが変化し、修正されるかもしれない。さらに、子育てが終わって振り返りがなされたときに、彼女たちは、どのような思いを口にするのだろうか。繰り返しになるが、朝鮮族としてのアイデンティティで言えば、韓国人NCのような日本社会での経験を通して生起した葛藤はみられず、民族性の固持、執着といったものが民族の継承意識を強めることにつながっていない。その背景には、中国との比較を通して、日本人や日本の生活を肯定的に意味づけているからだろう。一方、中国人としてアイデンティファイしているe、jにとっては、日本の学校以外にも中華学校が選択肢に含まれている。また、中国語の有益性【＝威信性への認識（＋）】もあいまって、対象者の大半が中国語習得に期待を寄せている。

　いずれにせよ、彼女たちの教育戦略は、今後も多様な「接触」を通して、伝播、修正、採用されながら変化していくだろう。

　趙（2012）は、高学歴朝鮮族の人々は、国際移動の中で自分たちの言語資本に目覚め、その資本を戦略的に次世代へ再生産させていると述べた。それに対して本書対象者は、子どもからの言語能力（ダブルリミテッド）というフィードバックを受け、言語選択を迫られる中で、朝鮮族が複数言語を習得する意味を自身の中国、日本での経験から再認識したと言える。そして、複数言語を習得することが朝鮮族としてのアイデンティティを確認するための、あるいは上昇を成し遂げるための必要であるという越境ハビトゥスを身につけ、言語資本を再生産させようとしていると言えるのではないだろうか。

注
1　対象者11名のうち筆者が直接インタビューをおこなったのは、c、f、h、i、j、kの6名であり、他の5名は金花芬との共著（2011）「コリア系ニューカマーの教育

戦略」(『人間社会学研究集録』6 大阪府立大学) の対象者である。k のみ夫も同席しインタビューしている。本書分析にあたって、金花芬より再度、対象者の情報を提供していただいている。c、f は、2010 年と 2013 年のインタビューデータを使用。【　】は朝鮮族、在日、日本人の区別。インタビュー時点 (2010) で、d のみ日本の公立学校選択。学校選択「日」は日本の学校、「中」は中華学校、「I」はインターナショナル・スクール。実際の学校選択 (2016 年時点) は、a、b、j、k は未確認、その他はすべて日本の公立学校を選択している。

なお、調査にあたっては、事前に大阪府立大学人間社会学研究科研究倫理委員会に承認を得ている。

2　権 (2011) によると、1980 年代後半から 1990 年代初期の来日した朝鮮族の場合、中国で有数の大学及び大学院を卒業して留学するケースが少なくなく、当時の朝鮮族は、教育レベル、専門的能力などの人的資本を有する人たちで、移動は特定の社会階層による小規模なものだったという。本書対象者は、1990 年代後半以降に来日している。

3　『이주민과　에스니시티의　거주지역분석 (移住民とエスニシティの居住地域分析)』(김현선 2011) を参照すると、2001 年の国籍変更者数は 724 件、2005 年には 12,299 人と 1 万人を超え、翌年 (2006) に 1 万人を割り込むものの、2007～2009 年は再び 1 万人を超え、2009 年にいたっては 25,000 人 (2009 年までの国籍取得者数は約 11 万人) を超えている。

4　回帰帰化は 60 代以上の帰化者を指し、彼ら、彼女らにとっての移住は、母国に戻ったという認識のもと、帰化は国籍と民族を一致させる意味を有していたという。在留帰化は、仕事や留学目的で移住してきた帰化者で、帰化の動機は必ずしも永住が目的ではなく、続けて在留するために必要であることから帰化を申請する場合が見受けられたという。また韓国に対する帰属意識は低く、帰化後の内面は多様で、自身を韓国人としてアイデンティファイした者、逆に内面的な変化に影響を及ぼさなかった者を事例で示している。婚姻帰化は、韓国人と結婚し帰化した者で、帰化がアイデンティティの変化には直結せず、中国人から朝鮮族としてのアイデンティティを有するようになった事例を挙げている。

5　「一貫性」には、「内的一貫性」と「外的一貫性」があり、前者は、ある時点で語られたことが別の時点で語られたことと矛盾していないことを基本とし、後者は、語りが調査者の既存の知識と整合しているかどうかを検討することであるとしている (桜井他編 2005)。

第4章　在日コリアンの民族継承

　この章では、在日コリアン女性と在日コリアン青年連合[1]【以下「KEY」（Kor Ean Youth の略称）】に集う在日の若者を対象に分析をおこなう。前者（在日コリアン女性）においては、教育戦略をどのようにたて、実践しているのか、また文化伝達（チェサ）意識についてインタビューをおこなった。後者（KEY 参加者）においては、アンケート、半構造化インタビューをおこない、将来の民族継承への希望について調査した。インタビュー時間については、1人あたり約40分～1時間50分である。

1.　調査概要[2]―在日コリアン女性

　調査対象者は、表6で示した在日コリアン女性10名である。質問項目は、教育戦略に関するもの、また文化伝達（チェサ）意識、日本社会や家庭での経験などである。調査対象者は、筆者の知人及び、知人から紹介してもらった。調査時期は、2013～16年である。

表6　在日コリアン女性の属性

対象	世代	国籍	性別	年齢	家族構成	家族（国籍）	職業	学歴	学校選択
A1	2.5	韓	女	50代	夫（50代）【在日】子（30/28/26/12）	夫（韓）子（韓）	なし	小～高校（日）	民族学校
B1	3	韓	女	40代	夫（40代）【在日】子（12/10）	夫（韓）子（韓）	なし	小～短大（日）	民族学校

C1	3	韓	女	60代	夫(一)【在日】 子(37/35/30)	夫(韓) 子(韓)	なし	小～大 (日)	日 民級
D1	3	韓	女	30代	夫(40代)【在日】 子(2)	夫(日) 子(重)	なし	小～大 (日)	KIS 希望
E1	2	韓	女	60代	夫(60代)【在日】 子(29/27)	夫(韓) 子(韓)	パート	小～高校 (日)	日 学校
F1	―	韓	女	40代	夫(一)【在日】 子(中1/小5)	―	NGO 職員	― (日)	民族 学校
G1	2.5	韓	女	30代	夫(30代)【NC】 子(1)	夫(韓) 子(韓)	介護士	小～専門 (日)	民族 希望
H1	3	韓	女	40代	夫(40代)【日】 子(5)	夫(日) 子(重)	パート	小～高校 (朝)	日 希望
I1	3	韓	女	40代	夫(一) 子(一)	―	―	小～大 (日)	民族 学校
J1	3	朝	女	30代	父(一)【在日】 母(一)【在日】	全員 (朝)	自営 手伝い	小～専門 (日)	―

2. 教育戦略と文化伝達（チェサ）に着目して

2.1 日本社会での経験—学校経験を中心に

（1）民族性を獲得する女性たち

　本書の対象者たちは、日本社会、とりわけ学校経験（H1 を除く対象者全員が日本の学校経験者）を通じて在日コリアンであることをどのように思い、どのような経験をしてきたのだろうか。その経験が子どもの教育戦略にどう関わっているのか、日本の学校経験者 8 名（H1、J1 を除く）を中心に分析したい。本書の対象者すべてが 2 世以降で、すでに家庭内でのことばの継承は困難であり、言語を通して民族性の再生産を図るには限界を感じている。そのような状況下で、A1、B1、F1、G1、I1 は、民族学校に韓国語の習得を求めている。A1 にとっての韓国語継承は、子どもへの期待と同時に親自身の期待として理解できる。子どもが韓国語を習得することに、A1 は「どっちかと言うとルーツですね。（中略）あとは自分達の選択でそれを活かして勉強してそういう職に就いてくれたらより良いし」と、韓国語習得は子

どもに自身のルーツを意識させる土台として期待され、その次に子どもの可能性への期待がある。B1もまた「あの、ことばって（韓国人としての）土台になるから、ことばを習得してほしいなって」「韓国行ってほしいですね、大学とか」と、韓国語の習得には民族性の獲得と同時に子どもの可能性を広げるという2つの期待が含まれている。F1は、実際に民族学校に通わせる中で「もうちょっと学校も取り組んでくれたらって不満はありますけど」と、民族学校に韓国語習得を期待していることがわかる。I1も、「ことば重要やと思う、絶対重要やと思う」と語り、そのことが民族学校の選択につながっている。G1は、夫がNCということもあり、韓国語の習得のため民族学校選択が考えられている。志水他編（2013）では「親自身の生き直し」と表現し、親自身が韓国人としてのアイデンティティをもてず葛藤してきたがゆえ、民族学校に通う子どもを通して「親自身の生き直し」をしていると指摘されている。そこには親自身が失った民族性を獲得し、強化していこうとする姿がある。本調査で民族学校を選択した保護者A1、B1、F1、I1もまた同様の意図が見い出される。

　また、A1、B1、F1、G1、I1ともに子どもが韓国語を習得することは韓国人としてのアイデンティティの基盤を形成するうえで必要不可欠なこととして捉えている。例えばA1に関して言えば、日本の学校は「やっぱり日本人に育てるじゃないですか、そこにずっと違和感をもち続けてたんじゃないかって思ってたんです」と、自身の経験を振り返る中で、子どもにはそのような経験をさせたくないという思いが強い。韓国語を通しての民族性の再生産が家庭内で困難である中、A1にとっての民族学校は、その困難を克服するためのものである。学校選択のもう1つの期待は、親自身の民族性の獲得でもある。B1においても、後述する夫の葛藤（在日コリアンとしての葛藤）の経験を共有することで、民族学校を選択することが結果的に「親自身の生き直し」につながっている。I1は、自身の学校経験（差別）を振り返り、「自分が小学校のときにたった1人の同胞の先生がいてたり、たった1人の朝鮮の友達がいたら小学校生活は（違っていた）」と語り、また自身が「同胞とコミュニティの中に入るっていうことがやっぱりすごい幸せやった

からね」と振り返っている。I1 にとって、そのような経験をしたことが民族学校を選択したことの背景にあると考えられる。

　一方、F1 の次の語りからも同様のことが言えるが、加えて民族学校選択は、民族を伝えられる「知識」をもつこと、人間的成長を促すための場所だとも考えられている。

F1：自分の立ち位置をはっきりともって、ものを見（ら）れるようになってほしいですね。そこには在日っていうのがあってだと思いますね。で自分自身がこう学生時代（中略）自分が韓国人であると思うものがないことに悩んでたんですね。まっ、思春期から学生時代はね。（中略）自分が韓国人であるということを自分でこう伝えられるものももって、で、そのうえで物事を考えられる人間になってほしいなとは思いますね。

　以上のように民族学校を選択した対象者は、日本の学校経験を通して何らかの葛藤経験を抱き、その経験が、子どもの韓国人アイデンティティ獲得の期待へとつながっている。それに対して C1、D1 からは日本の学校経験の中で A1 のような強い葛藤経験（日本の学校での違和感）は聞かれなかった。C1 は、小学校時代に北海道から在日コリアンが多く住む大阪に移動して初めて自身のエスニシティを意識し、親になってからは日本の公立学校に民族学級があることを知り民族学級に積極的に関与していった。D1 は韓国人としての意識は強いが、自身の出自を隠して生きている。民族学校も選択肢には含まれず、日本の学校もしくは KIS を視野に入れている。その背景には、従来の国民教育が展開される民族学校には否定的で、それとは距離を置くKIS の教育理念に共感しているからである。D1 は「民族学校は子どもの視野を狭める」という考えをもつ一方で、KIS には子どもの視野や将来の可能性を広げるという意味づけがなされている。E1 は、D1 の母であり、子ども 2 人を日本の学校に通わせた。その選択の背景には、「民族学校は視野を狭める」といった D1 と共通の考えがあり、D1 にもその考えが伝播、採用された結果、民族学校回避につながっていると考えられる。

A1、B1、F1、G1、I1 にとって、民族学校選択は、韓国人という民族性を獲得させるための手段でもあり、親自身の生き直しであることがわかる。一方、C1 においても、日本の学校内に民族学級があることを偶然知ったことが結果的に親自身の生き直しにつながっている。また民族学級に子ども3人を通わせる背景には、「親の力では全然ダメ」という発言に示されるように、民族教育に対して親の力の限界を感じているからである。そして、実際に民族学級に入れてみて、子どもが成長していく過程を見て「日本の学校（民族学級）に通わせて正解かな」と述べており、民族学級に通わせたことを肯定的に意味づけている。他方 D1 においては、従来の国民教育を目指す民族学校とは距離を置きながら、KIS への期待が語られている。その背景には E1（親）からの考えを採用した結果であろう。この8名の教育戦略の意味づけは、共通するところ、異なるところはあるものの、各自が多様なきっかけを起点に自身のエスニシティと対峙してきたことである。

以上から言えることは、多様なきっかけを起点に自身のエスニシティと向き合い民族性の獲得への回路が開かれたということである。それは同時に、民族性の獲得の回路は多様なきっかけで顕在化するということでもあり、その回路を進んでいくか立ち止まるかが民族性の再生産の岐路になる。また、その回路を進むとき（民族性を獲得する／させようとするとき）、母親たちは家庭内で様々な役割を担うが、日常の子どもとの関わりの中で、どのように民族性を獲得してきたのか、それが彼女たちの生き方とどのように関わっているのか、　教育実践での困難にも触れながら後に（家庭での経験）詳しく分析したい。

(2) 民族から距離をおく女性たち

対象者の多くは、学校経験などを通して自身の民族性を強く意識したり、葛藤を経験したりする中で、民族性を獲得する回路が開かれている。しかしながら、民族性を獲得していく過程は、多くの負担をともなうことが考えられる。この項では、D1、E1、G1、H1 に着目し、彼女たちが民族性の表出を抑制したり、あるいは民族から一定の距離を保とうとしたりする背景を探

りたい。この4名のうち、徹底して民族性の表出を抑制している者はE1である。E1の影響を受けた子どもであるD1も民族性を露わにしていない。E1は一時期、韓国語学習のために在日コリアンが集う団体に参加し韓国語を学んでいるが、韓国語学習以外の活動（社会活動）には参加していない。普段も通名を使い、職場での人間関係においても、自身が在日コリアンであることを徹底的に伏せている。その理由は、在日であることを言ったところで、生きていくうえで何のプラスにもならないとわかっているからである。また、子どもを通して民族性を獲得するといった「親の生き直し」といったものはなく、むしろ、民族学校は「視野を狭める」という認識をもち、また子どもが帰化することや日本人と結婚することに対しても抵抗はない。その影響を受けてかD1も、自身が帰化することに抵抗はなく、夫に対しても「（自分は）帰化してもいいのではないか」と述べている。

　D1、E1は、民族性を表出していないからといって、在日コリアンであることを卑下することもなく、また韓国人としてのアイデンティティがないわけではない。実際に、E1の息子が日本人女性と結婚する際、相手方の母親から「帰化すれば結婚を認めてもいい」と言われ、そのときには断固反対している。その背景として、在日コリアンへの無知、差別を肌で感じたからであり、「仮に息子が帰化して結婚したとしても、相手方の差別意識は変わらない、結婚生活もうまくいかない」と語っている。D1、E1は、日本社会での在日コリアンへの偏見を十分に感じており、民族性を隠すことは日本社会で生きていくための方略である。

　他方、民族性を継承することでの負担について、後述するがE1の家庭では、在日コリアン家庭で重視されてきたチェサは寸断され、D1もまた嫁いだ在日コリアンの夫方のチェサを寸断させている。親が民族を継承しようとする際、様々な役割（教育的役割やチェサにおける役割など）を引き受けなければならない。しかしながらD1、E1は、教育に関わる民族学校選択は「視野が狭まる」といった共通の認識をもち、E1は「チェサは女性が準備など全部しなければならない。この子（D1）がそんなことできない」と語り、女性に強いられる役割について異議申し立てをし、負担をともなう民族継承

を拒否した。

　一方 G1 は、韓国人 NC 夫と結婚し、夫の意向でいずれは韓国に住むという将来展望から、民族学校選択が視野に入れられている。また、家庭内では夫から、なるべく子どもに韓国語で話しかけるように言われている。G1 は、普段は本名（就職活動期間中に通名から本名に変更）で生活しており、弟は民族学校の教員をして働いていることもあり、民族色の強い家庭に育っている。さらに韓国人 NC 夫との結婚は、民族性の表出をさらに強める契機になった。しかしながら、韓国人との結婚（結婚後の一時期、韓国で生活）は、韓国の夫方の親族との「接触」（夫方の親族が頻繁に訪ねてくること）を通じて、日本での付き合い方の違いを認識し、「しんどさ」を経験することになった。また言語の面では、母子間は日本語使用を続けているが、その背景には「私はそんなに韓国語完璧じゃないし、ちっちゃいときはいいけど、（中略）韓国語となったら普通に伝わることも伝わりきらないから」と母子間の円滑なコミュニケーションとして日本語が重要視されている。G1 は、普段は本名を使用し、民族性を表出することを抑制しているわけではなく、民族意識は強いと言える。しかしながら、韓国人夫と結婚することによって、韓国語使用の「しんどさ」を経験し、夫のこだわり（韓国人は韓国語を話せないといけない）が、G1 の負担にもなっている。

　H1 は、唯一日本人夫をもつ女性である。中島（2011）は、朝鮮学校出身の保護者が、自身の朝鮮学校での経験を肯定的に捉え、子どもを朝鮮学校に通わすことは「当たり前」の選択であると述べたが、本書の対象者である H1 にとっても、自身の朝鮮学校での経験を肯定的に捉えている点で、同様の見解がみられる。しかしながら、次の語りからわかるように、朝鮮学校の選択は、日本人夫との関係を考えた場合「当たり前」の選択ではなくなる。

H1：多分日本の学校じゃなくて朝鮮の学校に入れたいと言ったら、話し合ったら多分そうしようかって言ってくれると思うんですけど、主人の学校が、母校（日本の学校）が今住んでる家のここがすぐはしっこで、はしっこが小学校なんです、主人の母校。私も母校（朝鮮学校）に通わせたいけど主人も多分（日本の

学校に）通わせたいから。

　H1 は、夫の考えを想像して日本の学校に通わせると想定している。H1 にとっての朝鮮学校選択は、夫と話し合ってまで絶対にというものではない。別の語りでは、配偶者が在日であれば、（学校選択の）考えが違っていたかもしれないと述べている。また、子育て（教育）において「こだわり過ぎたら、親がこだわったら子どもかわいそうと思うし、親のこだわりで子ども育てるのは勝手だし」と述べ、さらに民族性の表出においては、「私は日本人ちゃうでって、（子どもは）多分もうわかってると思う。でも子どもがそれを隠したいなら隠してもいいし、私も（子どもが望むなら自身の民族性を）隠したい」と語っている。H1 は、子育ての面で何かにこだわることは、子どものために良くないと考えており、また子どもがルーツを隠したいなら、自身の民族性も抑制させることもいとわないというのである。H1 は、在日であることを卑下することもなく、通名、本名を併記しており、民族意識は強いと言える。H1 にとっての民族継承は、日本人夫との結婚が民族から距離を置くことになり、また子どもからのフィードバックを受けて柔軟に対応しようとしている。H1 の例は、民族的アイデンティティと実際の民族継承とは、別様の次元である一例であろう。

　以上の 4 名から解釈できることは、民族意識や民族的アイデンティティが強いからと言って、国籍の維持、韓国語習得、教育（民族教育を望む）、文化伝統の維持を期待するとは限らないということである。彼女たちにとって、民族性を維持／継承することは、現実的な状況に照らし合わせてみたとき、あるいは子どもの将来を考えたとき、容易には引き受けられないのである。また、G1 においては、自身が、民族意識が強いから、民族学校を選択肢に入れているというよりも、夫の意向や近い将来の韓国への移動を視野に入れていることが大きいと言えよう。

2.2 日本社会での経験—家族関係に着目して

(1) 女性たちの生き方をめぐる教育戦略—夫との交渉を通じて

この項では、教育戦略における夫との葛藤、交渉に焦点をあてる。交渉は、「接触」の重要な一種であることから、その経験をもつ A1、B1、C1 に着目して分析したい。ここで取りあげる 3 名にかかわらず、在日コリアン保護者の語りからみえてくるのは、教育に関わる熱心な母親の姿である。A1 の次の語りは、まさにその部分を表している。A1 は、韓国語の習得が十分でない 4 番目の子どもを心配して、韓国語が話せる夫、朝鮮学校に通う子どもに対して「そんで（家で）教えんでいいから普段（朝鮮語）使ってって言うんです。全然使わないんです。主人は全然使わないんです。息子の事（を）考えてんのかなって。使われん私が必死になって考えてるんですけど」と語っている。B1 の民族学校内での保護者同士の関わりについての語りからは「建国（民族学校）ってあの結構行事がいっぱいあって顔合わせる事は多いんですよ。（中略）親同士がこう横の連携で盛り上げて行くんですけど」と、民族教育に関わる母親同士の強い結束がみえる。家庭外において民族性を獲得できるか否かは、民族学校選択が大きな分岐点になる。民族学校の選択が、結果的に母親同士、母子の関わりを強化していくことは、朝鮮学校に通わせる在日コリアン保護者へ調査をした中島（2011）やアメリカでの日本人補習校で調査をおこなった額賀（2013）でも明らかにされている。C1 は、夫に反対されつつも子どもの本名使用、民族学級での行事の手伝い、保護者会の立ち上げというように日常的に民族学級、その関係者と積極的に関わってきた。民族性の獲得は学校選択によるものだけではないが、その選択によって少なくとも家族全体の生き方が方向づけられる（影響される）とともに女性に新たな役割が付与されるのである。民族学級に通わせることや民族学校選択によって付与される新たな母親役割や日本社会との関係性を考慮したとき、民族性の維持、獲得は非常に困難であることが想像できる。

C1 は子ども 3 人を民族学級に通わせたが、孫の世代が、民族学校へ行くことや、韓国籍を維持すること、チェサを継続させていくことについて複雑な思いを抱いている。C1 は、子どもの結婚（日本人女性との結婚）を機に、

日本国籍への変更を子どもに提案するが、子どもに強く反対された経緯がある。それは、昨今のヘイトスピーチや日本社会の状況を考慮したとき、民族性を前面に出すことによる弊害（差別されることの怖さ）を C1 自身が強く感じているからに他ならない。孫世代を考えれば、民族性を出すこと自体、躊躇せざるを得ないという複雑な感情を抱いている。また、民族性の維持、獲得のための母親の「がんばり」は、その限界の裏返しでもある。

　石川（2014）は、教育における日常の夫の関与が極めて重要だと指摘しており、ましてや本書のように「民族」が絡んでくると、夫の考え方や態度だけではなく日常的な関与が極めて重要になってくる。本項においても、以下の語りで具体的にみていくが、母親の積極的な関与は語りから理解できるものの、母親の民族性を表出させるような教育のありかたへの夫の共感や協力はみえてこない。対象者の家庭において、儒教的価値観がどこまで反映されているのかを論証することは難しい。しかしながら、家父長制を背景とした伝統的価値観が、家庭の、あるいは社会の秩序の安定を図るためのものとして、人間関係を規定してきた歴史的事実を踏まえるならば、夫婦の役割分担が色濃く残っているのではないかと考えられる。またそのことによって新たな分析の視点が出てくる。特に、A1、C1 の夫に関する語りをみると、「民族性を獲得する」ために付与された役割が伝統的な価値観と相まって、性別役割分業が強化される傾向にあるのではないだろうか。

　A1 は、子ども 4 人を民族学校に通わせるために、パートを掛けもちして学費を稼いだ。A1 は、「幼いときに民族教育を受けるのがいいんじゃないかって私は思ったんで」と、民族性を獲得させるためには、幼少期からの教育環境を整えることの必要性を述べ、そのために経済的に支え、教育への関与を強めていった。そこに、A1 に協力する夫の姿はみえてこない。「主人はまぁ日本の学校でもいいんじゃないかって。お金もかかるじゃないですか」というように、夫は経済的な負担から日本の学校を第一の選択肢に入れていた。C1 の場合もまた、子どもに本名を名乗らせることについて「本名が通じる世の中ではないっていうのを、男の人が一番あるじゃないですか、何でそれを子どもにすると言って大喧嘩して」「（民族学級）保護者会作っ

て、常に対立、何でそんなことするねん、みたいなんはあったけど」と述べ
ているように、夫は反対する、渋々納得する存在として語られている。

　以上の語りを、先行研究との知見を参照して解釈すると、在日コリアン家
庭においては、民族性の維持、獲得には日常の女性の関与の強さと教育を通
してそれが求められる暗黙の、内面化された価値観があるのではないだろう
か。民族性の獲得のための回路は様々で、誰であろうともその回路に出会う
可能性がある。しかしながら、その回路を進もうとしたときに様々な困難が
立ちあらわれてくる。日常の母親の関与の程度によって民族性が獲得される
ことは同時に過大な負担を母親自身が引き受けることにもなる。それでもな
ぜ、女性たちは民族性の表出を嫌がる夫と対峙してまで、民族性を露わにし
ようとするのであろうか。そこには、夫が民族性を隠して生きていこうとす
ること、それを家族に求めてくることへの彼女たちの抵抗があったのではな
いだろうか。母親たちは日本社会で　民族性を表出できない状況を、何とか
乗り越えていきたいという思いがあった。それを達成すべく彼女たちがとっ
た戦略が出自に誇りをもつことができる民族教育であり、自分たちの存在や
生き方への承認を社会に求めていった結果としての教育戦略だと言えないだ
ろうか。彼女たちの教育戦略は単なる民族性の再生産ではなく、儒教的価値
観に抗いながら新しい生き方を選択し作り上げていこうとする過程なのだと
解釈することができる。

（2）儒教的価値観と対峙する女性たち─チェサを通じて

　柳（2013）は、儒教の影響が残る家父長制を前提とした社会では「男女有
別」「三従」が根強く残っており、それらがあらわれる場面として、「結婚に
対する統制」「性役割規定をめぐるイデオロギー的統制」「女性の経済的な従
属」を挙げている。本書の対象者で言えば、B1 における父親の結婚の統制
は、単に個人的な資質の問題として捉えるには限界がある。この項では、
B1、J1 と父親との関係、D1 に付与された嫁役割とそれへの交渉という側面
から、儒教的価値観がどのように影響を及ぼしているのか、また、そこから
女性たちはどのような位置取りをしているのかを中心に考察したい。

B1 における配偶者選択は、父からの厳しい制約があり「結婚するのはも
う同じ民族同士だぞって」と、日本人との結婚は論外であるかのように言わ
れ、なおかつ結婚の道筋（恋愛結婚ではなく見合い結婚）まで統制されよう
としていた。それは、「私のアボジ（父）達も見合いで結婚して、で兄も弟も
見合いで結婚してるんですよ。見合いするのが結婚するのもそういうもんだ
って育てられたんで」というように、当たり前の選択として位置づけられて
いる。自身もまた、結婚相手に日本人はあり得ないと思っていた。B1 の父
親には、男女関係なく、結婚はお見合いでするもの、同じ民族同士でするも
のと意識されている。このことは、家父長制を前提とした、女性への「結婚
に対する統制」とは言い切れず、親の経験や日本人や日本社会との関係性の
中で、同じ民族同士の結婚が最善の選択として思われているのかもしれな
い。しかしながら、B1 の韓国留学のプロセスや B1 の語りを分析すると、
儒教的価値観が反映されていると考えられ、家父長制における女性の生きづ
らさが垣間見える。B1 は、「実家にいてる間がもう規制だらけの生活だった
んで。女はこうする、こうしてはいけないとか」「私は女が損やって思って
ずっと生きて来たんで、韓国人よりも前にあの女の権利を認めてほしいって
（中略）だから今娘 2 人ですけど、そのとにかく自分らしく生きてほしい」
と語っている。B1 は、父親からの統制、女性であることの不遇を感じる中
で、短大卒業後は結婚しなさいと言われ、それを不憫に感じた母が結婚前に
留学を勧め、その留学が結果として父と対峙することにつながった。

　また、今までの経験が、娘 2 人には自分らしく生きてほしいという期待
につながっている。B1 は当時を振り返り、「そこ（韓国）で旦那（在日コリア
ン）と知り合って夢の様な生活を終えて、（中略）そこから私は視野がカァっ
て広がったんで、いやいやちょっと（父と）話し合いしよみたいな」と語っ
ている。この語りは、恋愛して知り合った夫を父親に紹介しようと決意し、
父親と話し合うことを決めた場面である。B1 は、留学が（女性としての）自
身の視野を広げるきっかけになったと感じている。そして、今まで当たり前
だと思っていた見合い結婚に対して、「話し合いしよみたいな」と、父親と
の交渉を決意し結婚にいたっている。

J1 もまた、父との関係や母と父との関係を語る中で、配偶者選択における厳しい制約を受け、「日本人の彼を連れて行けば、（彼は）父親に殺される」と語り、父と母との関係では、「母が父に逆らったことはない」と、家庭内での強い男女の関係性がみられる。J1 の父には B1 と同様に配偶者選択において、同じ民族同士が最善であるとの思いがあり、また J1 の父親の学校経験（日本の学校で厳しい被差別経験）があることも大きな要因として挙げられる。しかしながら、家庭内での父親と母親との関係の語りを聞くと、「男女有別」が残っているように思える。

一方、D1 は夫も在日コリアンであり、夫が祭祀権をもつ長男であることから、結婚前よりチェサの重要性を聞き、自身も重要だという認識のもと、チェサでの女性役割を遂行する気でいた。しかしながら、結婚後、チェサをすることに否定的になり、何度も夫との交渉を重ねる中で、結婚後最初のチェサを放棄し実家へ帰ってしまったのである。そのことによって夫方の親族は、「無理をしてまでチェサをする必要はない」という結論にいたり、チェサが寸断された。もちろん、夫も含め親族は続けてほしいという気持ちは強いが、新しい生活を築いていくうえで、チェサが障壁になってはいけないという理由での苦渋の決断であった。当時のことを振り返り D1 は、「新居（夫の実家）に大勢の人がくるのは嫌だ」と語っている。また、D1 の両親それぞれの実家ともチェサを続けていない。そこには、D1 の母親 E1 の経験があり、その経験の共有が影響を及ぼしていると考えられる。E1 は、次男の嫁として結婚するが、諸事情により自身がチェサにおける女性役割を引き受ける中で大変な思いをしたという。D1 は母親の経験を共有する中で、新たに付された役割に対して夫と交渉し、母親の意見を聞きながら回避したと考えられる。

D1 と E1 の経験は一例に過ぎないが、梁（2004）が述べているような「チェサが形を変えながら継承されている」ということ自体再考しなければならないのではないだろうか。なぜならば、D1 と E1 においては、チェサの重要性は認識されつつも、女性がその役割を担わされることに対しては異議が申し立てられ、梁がアイデンティティの核心だというチェサは、そこで寸断

されているからである。なおかつ、D1 と D1 の親族は出自を隠して生きてはいるが、国籍も変えず在日コリアンとしてのアイデンティティは強い。D1 の事例は、チェサが民族性の再生産の可能性を含むと同時に、限界もあることを意味している。チェサにおいて過度に女性の負担を強いることは今の世代にとって不可能であり、チェサが継承されるにしても形は変わりつづけている背景には、世俗化[3]以外に新たな嫁役割に対する女性自身の交渉があることを想像しなければならないし、そこに女性が民族性の維持・継承の役割を担う「しんどさ」があることをも想像しなければならない。

　B1、D1 とも「民族性の維持」の必要性への理解があるが、それを強制され、担わされること、あるいは儒教的な価値観を押し付けられることへの葛藤から、父の統制、新たに付された嫁役割を回避するための交渉をおこなってきたのである。C1 においても、自分の世代では続けると言うものの、子ども世代にチェサを継承させたいかという問いに対して、「自分が嫌やったことをさせない」と語っている。C1 の夫は次男であるが、夫の両親のチェサをおこなっており、自身が経験したチェサの大変さを子どもやその妻にさせたくないという思いが「私、（息子の）お嫁さんにさせようとは思わない」のことばにあらわれている。

　他方、A1 はチェサにおける葛藤は聞かれなかったものの、「法事（＝チェサ）はあまりなかったんですね。でもあの意識的にはちゃんと法事に出して、（韓国では子どもの生後を祝って）100 日、1 歳（の記念）とかはお料理出してるし」と答えている。A1 は、日本の学校で韓国人としての葛藤を経験する中で、子どもには自然に韓国文化を受容する環境が大事だと捉えている。この語りから、その環境を整えるにあたって、必ずしも梁（2004）が指摘するようにチェサがアイデンティティの核心になるとは位置づけられていないことがわかる。チェサは、韓国文化の多様なうちの 1 つとして捉えられているのではないだろうか。B1 に関しては、チェサについて形が変わってきていることを述べながらも、B1 自身はその役割を担うことは自然だと考えている。しかしながら、後の世代への継承への言及はなかった。B1 は、自身の経験から子どもたち（娘）には民族を感じながらも楽しく生きて

ほしいと語っており、子どもがチェサを担うことで負担を感じれば、固守する必要はないという思いがあるように思われる。1世にとってのチェサは、自然なものとして体現され、潜在的な機能を有していたが、世代がシフトする中で世代や男女間では異なる意味づけがされていると思われる。

以上のことから、チェサは重要だという認識はあるものの唯一絶対的なものではなく、朝鮮半島の文化を体感できる多様な文化指標の1つとして認識されていると解釈できるのではないだろうか。そのような認識が、チェサでの女性役割の負担とも相まって、チェサの継承意識（チェサの継承に固持しない態度）や交渉を通じてのチェサの寸断につながっていると言えるだろう。

2.3 まとめ

本書で明らかになった点は、第一に、韓国語の継承は家庭内ではすでに困難であり、たとえ親が韓国語を話せるからといっても、日常的に使用することは困難であるということである。第二に、日常的な子どもの教育への関与は母親が中心であり、民族性の維持、獲得は、結果的に女性の過大な負担につながっていること、さらに、夫との関係や父との関係をみていくことで、在日コリアン家庭内に存在する伝統的な価値観が女性の「生きづらさ」につながっていることがわかった。第三に、彼女たちが民族学校を選択することは、韓国人としてのアイデンティティを確立させるために極めて重要であると認識していると同時に、家庭内で獲得できない民族性の指標である「ことば」を民族学校に求めた結果であることもわかった。最後に、何よりも重要な知見は、本書の在日コリアン女性の教育戦略は、単なる民族性の再生産ではなく、伝統的価値観を乗り越えていくための、女性自身の生き方をかけた戦略であることだった。他方、チェサの継承は、在日コリアンの今の世代にとっては、固守しなければならないものではなく、民族性を体感できる多様なものの1つとして捉えられていると推察した。また、父からの統制を回避すること、チェサが寸断される背景には、世俗化だけではない女性の交渉があったという新たな発見もあった。さらに教育戦略との対比で言えば、民

族性を表出することへの夫の態度が家庭内で執りおこなわれるチェサと家庭内外で展開される教育戦略とでは異なっている（前者では肯定的、後者では否定的）点は大変興味深い。

　下位文化理論との観点で言えば、B1、J1を除く対象者全員が大阪に居住しており、在日コリアン多数居住地として、エスニック団体の存在、民族学校や民族学級が制度的に位置づけられていることから、容易に接近可能な環境であった。大阪という地域が、民族学校選択、エスニック団体での母語学習、同胞との出会いを媒介し、さらには民族性を顕在化させる土壌となっている点において、「集住地効果」がみられた。また、下位文化間同士の「接触」における学校での様々な葛藤は、自身のエスニシティを自覚させ、その後の子どもの学校選択につながっていると解釈できる。

　G1、H1に関しては、夫が韓国人NC、日本人であることから、下位文化間の「接触」として捉えることができるだろう。G1においてはインタビュー以前、日本で居住する希望を語っていたが、現在は夫の考えを受け入れ「この子は韓国人やから（在日の）私とは違うし、韓国で育てるし、生粋の韓国人やから日本で立場のない私みたいに（中略）そういうふうに育てたくないから、私も真っ向から（夫と）対立してしまったら、バラバラになるじゃないですか、それは嫌やから」と語っている。夫は、在日コリアンを中途半端な存在として捉え、韓国人としてのアイデンティティを強くもたせたいと思っており、G1自身もその意向を受け入れ、当初の将来展望を修正している。またH1においても、前述した通り、日本人夫が日本の学校に入れたがっていると想像して、その考えを採用しようとしている。別のことばで言えば、「在日コリアン側の遠慮」として、民族継承を抑制しようとする姿がみえる。民族的アイデンティティの追求に関して言えば、前述した学校経験における葛藤が要因としてあることがわかった。平ほか（1995）は、民族的アイデンティティを構成する「民族的自己同定」は、自分、及び、他者が共通に認める客観的（あるいは間主観的）な出自に由来する、自分は何々民族に属す、という知識であるとし、「基底的な民族的アイデンティティ」は、自分が所属すると自己同定する民族集団の諸特徴を十全には兼ね備えていない

場合、自分は何々民族の一員である（べきである）といった選択的な意思が
働き、そのような意思的な民族意識の保持のことであると定義している。本
書の対象者もまた、エスニック団体への参加を通して、母語の学習や歴史の
勉強、祖国訪問（留学など）、子どもを民族学校、民族学級に通わせること
で、民族的アイデンティティを獲得しようとする姿がみられた。

　本書で明らかになった点は、親の教育戦略やチェサにみられる民族継承
は、民族性の再生産であるようにみえるが、実際には能動的な民族的アイデ
ンティティの獲得過程であり、チェサの寸断にみられるような、選択的な民
族継承を含んでいることである。

3.　若い世代の民族継承意識—KEY 参加者に着目して

3.1　調査概要 [4]

　この節では、KEY に参加する／していた者に着目し、民族継承への希望
を、アンケート、インタビューによって得られたデータを用いて分析する。
なお、表 7 で示した 5 名は、インタビュー対象者である。調査時期は 2015
〜16 年で、質問項目は、家庭や日本社会、KEY での経験、将来の民族継承

表 7　在日コリアン（KEY 参加者）の属性

対象	世代	国籍	性別	年齢	婚姻	家族構成	職業	学歴	学校希望
A2	3	韓	男	30 代	既婚	妻【在日】	会社員	小〜大（日）	民族（±）KIS 希望
B2	2.5	韓	男	40 代	既婚	妻【在日】	会社員	小〜高校（日）	民族（±）民級（＋）
C2	3	韓	女	30 代	未婚	父【在日】母【在日】	会社員	小〜大（日）	民族（±）
D2	3	韓	女	30 代	未婚	父【在日】母【在日】	看護師	小〜専門（日）	民族（−）日本（＋）
E2	ダブル	日	女	30 代	未婚	父【日】母【在日】	元 NGO 職員	小〜大（日）	—

についてである。インタビュー時間については、1人あたり約1時間15分
〜1時間30分である。

3.2　日本社会での経験—民族的アイデンティティ獲得までの物語

　この項では、生まれ育った家庭や学校経験、KEYでの経験から、どのよ
うな民族的アイデンティティを形成し、そのアイデンティティが民族継承の
期待とどのように関わっているのか、アンケート調査結果を交えて考察した
い。

（1）家庭での経験

　対象者5名は、同じ時代に、家庭や学校、KEYという空間を通して、民
族的アイデンティティを育んできた。5名の世代は違いこそあるものの、
OC1世からは遠くかけ離れた世代でなく、民族の指標となる言語やチェサ
などが残存していることが彼ら、彼女らの語りからわかる。A2、B2、C2
の家庭では、母語継承はおこなわれておらず、料理名や親族名称のみ自然な
形で使用されていたという。対象者は、3世が大半であることから母語継承
には限界があることがわかる。しかしながらC2は、父が幼少期韓国に住ん
でいたことや母親も朝鮮学校出身者であること、B2においても母親が1世
であることから、家庭内での継承は一定程度可能であったにもかかわらずさ
れていない。また、5名の親とも通名を使って日本社会で生きている。彼
ら、彼女らは語りにおいて、親が「隠している」というわけではないという
が、結果的には通名使用、韓国語を使用しないことは民族性を潜在化させて
しまう。ただし、単語レベルでの韓国語は残っており、またD2のように、
父母ともに韓国語は話せないが、母親がハングル講座に通い、家庭内でも韓
国の歌を流していたことで間接的に韓国語に触れる機会があった者もいる。

　他方E2は他の対象者とは異なり、自身のルーツを意識できる環境にはな
かった。E2の父は日本人、母は在日コリアンであるが、母が在日であるこ
とを大学の時期まで知らなかったし、知らされなかった。そのような状況
下、大学生のとき、父から母が在日であることを知らされる。父（日本人）

から母（在日）を知ったのである。また、母が在日コリアンであるという理由で、父方の両親に結婚を反対されていた経緯を知り、両親の隠された過去、母が歩んできた歴史を、父を通して知ることで、日本社会での在日コリアンの位置づけを認識することになる。E2 にとって、これらの出来事は、自身を根本から問い直す契機となり、同時に「問いの芽生え」（在日コリアンって？）を引き起こし、自己の再構築を促すことにつながった。チェサに関しては、「母親は、全然そういう親戚の法事とかは全然行ったことないんですよ。だから、あまり在日の文化とかは触れていなかったので」と語る一方、祖母の家に遊びに行くとキムチが出てきたと回想している。E2 にとって、それが自身のルーツと関係があるという認識はなかったようである。

　前述したように、チェサの世俗化や寸断には女性自身の交渉があることはすでに述べた。では、対象者はチェサをどのように意味づけているのだろうか。KEY の若者へのアンケート調査と合わせてみてみる。以下の表 8 は、チェサへの継承意識である。

表 8　性別とチェサの継承への希望のクロス表

		チェサの継承への希望				合計人 +%
		全然思わない	あまり思わない	思う	とても思う	
性別	男	2【16.7%】(20.0%)	5【41.7%】(29.4%)	4【33.3%】(40.0%)	1【8.3%】(100%)	12 (31.6%)
	女	8【30.8%】(80.0%)	12【46.2%】(70.6%)	6【23.1%】(60.0%)	0【0%】(0%)	26 (68.4%)
合計人 +%		10【26.3%】	17【44.7%】	10【26.3%】	1【2.6%】	38

＊【　】が行の比率、（　）が列の比率を表す。例えば「全然思わない」（男）2/12【16.7%】「全然思わない」（男）2/10（20.0%）。小数点第二位四捨五入。以下のクロス表も同じ。

　表 8 は、「チェサを継承すべきだと思うか」に対しての回答である。上記の結果からチェサの継承意識が強いと判断するか、そうではないと判断するかは解釈の違い[5]であるが、筆者は想像していたよりも弱いと感じた。男女間での差は顕著であり、全体的に KEY に参加する若者がチェサを継承することに対して積極的でないことがわかる。しかしながら、インタビュー対象者において、特に A2、B2、C2 の継承意識は強い。A2 の家庭では、盆と正

月、ハラボジ（祖父）、ハルモニ（祖母）の法事を執りおこない、自身もいずれは長男として継承すると想定している。また「（チェサは）そういう目的がないとコミュニティが成り立たない」と語り、家庭内のコミュニティを守るための重要な祭事であると捉えられている。筆者の「結婚相手が拒否した場合はどうするか」という質問には「話し合いになる」と答え、また、完全に拒否された場合には「どっちにつくか（妻につくか、親につくか）の選択になる」と述べ、妻のチェサの受容いかんによっては、家族の分裂につながることを示唆している。C2の家庭も、チェサ自体は簡素化されていったが、父がこだわっておこなっているという。また、「昔は何のためにするのかわからなかった」が、「今は親戚の集まる場所、祖先を思い出して手を合わせる、年に1回でもやっていったらいいと思う」と、考えが変化してきたと述べている。B2も、チェサは大事だという思いはあるが、「妻は在日だけど料理ができるかどうか」と不安を抱き、「嫁さんはする気があるのかまではわからない」と、チェサの存続を今後の課題として挙げている。

　一方D2は、チェサの必要性を感じていない。父が長男ということもあり、年に数回執りおこなわれ、料理の準備も手伝っていたことから、民族的な文化に触れる機会はあった。しかしながら、チェサの継承について「儀式に囚われなくても墓参りして、（チェサが）あったら大変やし、（中略）よく法事では揉めていた。やってしんどくて揉めるよりかは、大そうなことせんほうが」と語り、今は祖母に誰も反抗できないからやっているという。また筆者が、チェサが寸断された例を挙げると、「それでいいと思う」とチェサの継承において、A2、B2、C2とは異なる見解をもつ。

　ジェンダーの視点で言えば、C2は韓国への留学時、親戚が住む済州島でのチェサを経験し、女性が冷蔵庫の前で食事をしている姿を見て疑問に感じたという。しかしながら、過度の負担をともなわなければ良いという認識をもっている。D2もまた、チェサにおける女性の準備の大変さを語っており、将来継続させる必要性を感じていない。チェサの継承に関しては、多くの家庭で簡素化され受け継がれていると言われているが、世代や時代の変化にともなって、チェサの重要性は希薄化し、アンケートをみる限り、在日コ

リアンの団体に関わる若者ですらチェサの継承に積極的ではないことがわかる。インタビュー対象者（D2、E2 を除く）のチェサの継承意識（自身が引き受ける意識）が強いのは、KEY の中でも中心メンバーであり、民族意識が強いことも大きな要因であると考えられる。しかしながら、次世代への継承になると、期待はあるものの、強要することはできないという認識をもっている。後述するが、民族を表す指標である国籍（韓国籍）の維持や本名を使用することの子どもへの期待は、「（子どもに）原則求めるが強要はしたくない」と A2 が語るように、子どもが抱えるであろう「しんどさ」を考えたとき、民族意識が強いから民族教育、民族継承を望むとは単純には結びつかないのである。

(2) 学校での経験

　A2 は、幼少期から在日コリアンであることを意識できる環境にあった。日本の公立小学校でも民族学級を経験し、本名を使用している。小学校時代は、名札やテストの答案用紙にハングルで名前を記入したり、意識的に差異を表したりしていた。しかしながら、中学時代は、在日コリアンであることを「あえて自分から触れないような感じで生きてましたね」と語り、自身の出自について隠さないまでも、在日の話はしなかったと述べている。また人間関係においても、「中学に入って極端に内気になってしまって、全然友達もいないし殻に籠るような 6 年間（中高）」だったと回想している。A2 は、幼少期から自身の出自に対して、何らかの葛藤や悩みを抱いたり、父親が高校のとき朝鮮文化研究部を創設したこと、ソウル大学で社会主義運動をしていたことを聞いたりと、在日であることを強く意識する環境にあった。そのような経験をしてきた A2 にとっての子どもの学校選択への期待は、明確に語られなかったが、民族を継承する手段として、民族学校選択は消極的である。既存の民族系の学校は、「おもしろくない」と、インタビュー以前に述べていたことがあり、民族学校から距離の置く KIS に関心をもつ。その理由には、KIS の学生との「接触」を通して、「KIS の学生はませている。議論 1 つしても」との経験があるため、KIS を選択肢の 1 つとして考えてい

る。

　C2 は、学生時代は通名で過ごし、居住地が在日コリアンの集住地域であったため、あえて言わなくても互いにわかる環境だったという。学校は日本の公立学校に通い、在日コリアンであるがゆえのいじめや差別などはなかったが、「高校に入ってから先生から」と言いかけて口をつぐみ、何らかの辛い経験をしている。高校受験の際は、突然朝鮮学校出身者の母から朝鮮学校進学を進められるが、「むっちゃ嫌でした、拒否しました」と語っている。当時、朝鮮学校の生徒はチマチョゴリを着て通学しており、それに対してC2 は「街中をチマチョゴリで歩くのんありえへんと思って、そんなん正直言って差別を受ける対象、そういう意味合いが強かったんで」と語っている。C2 自身、そのときの感情を思い出しながら、「反日感情はある、（韓国人として）プライドもある。でも、おおっぴらにはしたくない」といった複雑な感情を吐露している。子どもができた際の学校選択については、朝鮮学校は回避され、民族学校を選択するなら「朝鮮学校よりかは建国かなあ」という思いを漠然と抱いており、民族学校への選択は積極的には位置づけられていない。

　B2 も、隠すというわけではないが、ずっと通名を使い続けていたことを述べ、当時は民族学級がなかったと回想している。また、将来子どもができた際に、小学校に民族学級がなければ、地元の小学校に通わせるかどうか考えると語り、学校選択において、民族を体験できる場があるかどうかを重視している。D2 も、日本の学校に通い、通名を使用していたが、自身の出自にまつわることで辛い経験をしている。しかしながら、子どもができた際の学校選択において、民族学校は「（日本の学校と）同じような卒業資格がとれない」ことを危惧していることから、日本の学校が第一に想定されていることがわかる。E2 においては、純粋な日本人だと思っていたことから、ルーツに関わるような葛藤などはなく、母が在日コリアンだと知るまでは、在日の存在自体意識化されていなかった。

　以上のことから、E2 を除く 4 名の学校経験はそれぞれだが、在日コリアンであるということは、隠す、隠さないことを別にして、様々な場面で意識

第 4 章　在日コリアンの民族継承　123

していたことがわかる。将来の学校選択への希望については、日本の学校経験が民族学校選択に直接つながっているわけでなく、むしろ、そこから距離を置こうとしていることがわかった。このことは、表 9 のアンケート調査からもわかるだろう。

表 9　民族学校への希望

		人数	パーセント
有効数	全然思わない	7	17.9%
	あまり思わない	15	38.5%
	思う	10	25.6%
	とても思う	7	17.9%
	合計	39	100 (99.9) %
合計人 + %		39	100 (99.9) %

表 10　民族学校経験者と民族学校への希望

	民族学校への希望				合計人 + %
	全然思わない	あまり思わない	思う	とても思う	
民族学校 あり 経験	0【0%】(0%)	2【33.3%】(14.3%)	0【0%】(0%)	4【66.7%】(57.1%)	6 (15.8%)
なし	7【21.9】(100%)	12【37.5】(85.7%)	10【31.3】(100%)	3【9.4%】(42.9%)	32 (84.2%)
合計人 + %	7【18.4%】	14【36.8%】	10【26.3%】	7【18.4%】	38

　表 9 は、「子どもを民族学校に通わせたいと思いますか」に対しての回答である。アンケートやインタビューから、解釈できることは、民族学校に一定の期待（韓国人としてのアイデンティティの育成など）はあるものの、必ずしも既存の民族学校が彼ら、彼女らが求める期待の受け皿になりえていないことである。インタビューで KIS が再三話題にのぼったのも、KIS が既存の民族学校とは異なる教育理念を掲げていることに魅力を感じているからだろう。また、民族学校経験者と民族学校への希望（表 10）においても、「あまり思わない」と回答した者もいることから、民族学校経験者にとっても、既存の民族学校は、彼ら、彼女らの期待の受け皿になっていない、もしくは、民族学校での経験を肯定的に捉えられていない結果、消極的になっているのかもしれない。

(3) KEY での経験

　対象者5名は、いずれも KEY に参加する過程で、本名を名乗り、民族性を顕在化させていった。その顕在化させる KEY での体験とはどのようなものであったのであろうか。KEY へのアクセスまで遡って、彼ら、彼女らの体験をみてみたい。

　対象者5名の KEY の活動[6]に参加するきっかけは、知人の紹介や自身で調べてアクセスしたことによる。A2 は、大学時代に KEY に参加する先輩から、興味のあった朝鮮近代史が学べる場所があると言われたことで参加するようになった。C2 もまた、成人式で偶然会った友人からの紹介で KEY に関わるようになった。当時を振り返り、韓国人として成人式を迎えたいと思っていたところ、チマチョゴリを着て日本の成人式に参加していた友人から、KCC 会館（在日韓国基督教会館）で成人式があることを知った。その参加がきっかけとなって、KEY にも関わるようになったと回想している。B2 の KEY との出会いは、兄が通っていたことでその存在を知り、個別訪問（参加への働きかけ）をきっかけに歴史人権講座に参加するようになった。D2 は、友人に在日と交わる機会がないことを話したことがきっかけとなり、その友人が KEY 関係者を紹介して関わるようになった。友人に話すということは、当時、同胞との出会いを求めていたことがわかる。以上の4名は、知人からの紹介で在日コリアンの団体に関わり始めており、KEY を知ったことは偶然であるが、その頃にはすでに前述したような彼ら、彼女らの家庭や学校での経験があったからこそ、KEY へ回路づけられたと言えるだろう。

　一方 E2 は、23 歳まで両親とも日本人だと認識し、自身も生粋の日本人だと思っていた。しかしながら、23 歳のときに母が在日コリアンであることを父（日本人）から聞かされた。また、母が在日コリアンであるがゆえに、父方の両親から結婚を反対されたことを知り、母も出自を隠していたことから、在日の日本社会での位置づけを知ることになる。それが E2 の在日コリアンへの関心を引き起こし、ネットで KEY の存在を知り、自らアクセスしていった。いったい彼ら、彼女らにとって KEY は、どのような場所になっていたのだろうか。

B2 は、他のいくつかの在日コリアンの団体を経験し、「会社のようだっ
た」「上からの決定に対して自由に意見が言えなかった」と語り、その比較
から KEY は、「自由にできること（活動など）が多く、縛りが少ない」と表
現し、自由に関われることが、現在の参加にもつながっているようだ。それ
が意味するところは、何らかの決定がトップダウン式で、それに従わなけれ
ばならないものではなく、主体的に自分たちで思考し、決定し、行動に移す
といった意思決定のあり方や自由に発言ができることなどが居心地の良さに
つながっていると思われる。A2 にとっての KEY は、何よりも活動を通し
ての人間関係の構築、人間関係の濃いつながりから形成され、語りの中で居
心地の良い場所として表現されている。

　A2 の KEY への参加は、週 1 回あった歴史人権講座からスタートする。
ほぼ毎週参加し、メンバーとの関係においては、「僕が大学生、途中まで毎
週 1 回、金曜日にあって、漁火（居酒屋）があって、毎週飲みに行って、ほ
んでみっちり活動したら飲みに行って」と、当時を「古き良き時代」だと表
現している。また「僕自身が、人間関係が得意でない、そう思ってる中で、
先輩や同僚に囲まれて幸せをつかんで」と語り、A2 にとっての KEY は、
同じ活動をともにしてきた「濃い人間関係」を基盤に形成されてきたと言え
る。また、引退後も「お客さん気分でやるんじゃなくて、主体的に関わりた
い」と希望を抱いている。

　C2 は、KEY での同胞との関わりによって、自身を肯定的に捉えられるよ
うになったと言い、本名で呼ばれることを「くすぐったい」「うれしかっ
た」と述べている。また、「（当初もっていた）反日感情からコミュニティと
しての安心と勉強することで差別を受けることが当たり前でなく、こういう
社会に問題があると考えられるようになった」と語っている。この反日感情
の変化は、B2 では「トゲがなくなっていった」と表現され、KEY での様々
な学びや体験が、反日感情を削ぎ落としながら民族的アイデンティティを獲
得できる空間になりえたことを意味しているのではないだろうか。

　一方 E2 にとっての KEY は、初めて在日コリアンと接する場所でもあり、
不安を抱いていたが、当時の KEY メンバーの印象を「フレンドリーだし、

受け入れてくれる感じだったので、すごい良かったです、安心した」と肯定的に捉えている。また、E2自身がダブルであり、日本国籍者であることから立ち上がったニーズ（在日コリアンへの関心や歴史への関心）を満たしてくれる場所であった。それと同時に、刺激を与えてくれる場所でもあった。実際にE2は、地域スタッフを経験し、有給のスタッフを経て、代表にまでなっている。活動当初よりE2は、歴史人権講座にも積極的に参加し、様々な活動に参加していった。歴史人権講座については「毎回行ったらいろんな話聞けるじゃないですか、しかもそれについて話し合えるし、みんなで、ものすごい刺激もあるし、めっちゃ楽しかった」、また他のメンバーからは、「歴史の話とか、社会問題をみるにあたっては、こういう風に考えたらいいんだとか、いろいろ教えてもらった」と、自身のニーズが満たされていったことがわかる。また、多くの人とのつながりを得る中で、「NGOとか市民団体の人とかに会ったりして、なんかこういう生き方もいいなあって思って」と、空間を超えてのつながりを経験する中で、いつしかKEYでの活動を自身のライフワークとして位置づけるようになった。

　他方、D2にとってKEYは、「あのときは必要な場所だった」と振り返り、今は違うと述べている。D2は当時を振り返って、「在日というだけで距離が近かったり、遠慮が要らない、すぐに溶け込める点は良かった」と述べる反面、みんなとの違いを感じたという。その違いとは在日へのこだわりの強さを意味し、また「在日であることは自分の中で優先順位は高くない」と語り、在日コリアンであることは、自分の1つの側面でしかないとの認識をもつ。

　本書のD2を除く対象者にとってのKEYは、歴史人権講座や社会運動などを通して形成された居場所であると言える。D2にとっては、「在日同士の付き合いは視野を狭める」という認識はあるものの、苦しい時期にKEYと出会って、「あのとき、私にとって必要な場所だった」と、KEYでの経験を肯定的に捉えている。彼ら、彼女らの居場所になりえた背景には、KEYメンバー内での「人間関係」や「歴史人権講座での学び」「主体的な活動への関与」、KEY外での「空間を超えてのつながり」（他のNGO団体の人と

第 4 章 在日コリアンの民族継承 127

の出会いなど）がある。そのような居場所において、同胞とつながり、学び、知識を増やし、民族的アイデンティティを獲得していったと言えるだろう。それでは、そのような彼ら、彼女らが民族継承において重視しているのは何か、次項で詳しく考察したい。

3.3　民族継承への意味づけ—選別される民族継承

　これまで民族継承を、教育戦略とチェサの文化伝達に絞って考察してきたが、民族の指標として考えられるものは、他にも国籍、名前などがあり、それぞれの意味づけは異なり、実際の継承は取捨選択される可能性がある。KEY の若者のアイデンティティを把握する際、名前（本名の使用）や国籍の把握、さらには、（在日）韓国人としての意識なども重要な要素であろう。この項では、インタビューとアンケート調査で得られたデータから、KEY 関係者の民族継承への意味づけを明らかにし、民族的アイデンティティと民族継承の希望との関連を考察したい。

（1）本名と国籍へのこだわり

　ここでは、インタビュー対象者の国籍、本名使用への意味づけと、次世代の国籍維持、本名使用への希望に絞って分析する。国籍維持と本名使用への希望に着目する理由は、後述する語りの中で、彼ら、彼女らのアイデンティティの核は、国籍と本名ではないかと思ったからである。また、E2 を除く 4 名は韓国籍であり、全員が本名（E2 は韓国名をミドルネームとして使用）を使用している。国籍に関しては、現在のところ E2 を除く 4 名全員が日本国籍への変更は考えていない。

　A2 にとって、韓国籍であることと名前は分かち難く結びついている。A2 は、子どもの頃より本名を使用しているが、日本語読みであったため、「自分の中に中途半端さがあったので○○（韓国語読み）にした」と述べている。アイデンティティの観点から言えば、「在日であるから（こそ）、もてる視点、感覚があるという自負がある。それを体現できるのが名前と国籍かなあと思う」と語り、名前と国籍を変更することに対して抵抗があるという。子

どもができた場合にも「原則求めたいが強要はしたくない」と語っている。B2においても、「強要はしたくない」と同じ考えをもっているが、国籍、名前のこだわりは強い。B2自身も社会に出てから本名を使用し、「KEYがなかったら本名について考えるきっかけがなかった」と、KEYへの参加が本名使用につながっている。C2においても、B2と同様に通名から本名に変えている。C2は大学時代に韓国に留学し、帰国後本名を使用し始めた。その理由をKEYの影響が大きかったと回想している。おそらくは、KEYでの歴史人権講座などで、在日コリアンの歴史を学び、同胞と語り合う中で、本名で生きていく覚悟を決めたと推察できる。その頃には、民族意識が生成され、たとえ、いとこの姉が帰化をして「在日は歴史的な背景があるにしても頭が固い。国籍を変えたほうが便利だと思えば変えたほうがいい」という提案に対しても、「私はそうは（いとこの姉みたいに）ならへんと思った」と語っている。同時に「そのせいでしんどい思いをしている面もある」と、民族性（国籍）を維持することは、「しんどさ」にもつながると感じているようである。

　D2は、仕事とプライベートで本名と通名を使い分けている。仕事で通名を使い分けている理由に、母から言われたことば「通称名は隠しているのではなく、あなたを守っている鎧のようなもの」が挙げられる。そのことばを受け、D2自身も通名使用は、看護師という職業柄、多くの人と関わる中で、本名であるがゆえの差別を受けることを回避するための方略として、納得して使い分けているという。一方、国籍の変更に関しては、現在は考えていないが、将来は考えていると述べている。しかしながら、国籍変更について、「父がもう帰化せえと言うんですけど、そこで納得するものがないから私もなっていない（帰化していない）し」と語っている。「納得するものがない」というのは、自分の中で折り合いをつけるものがないことを意味する。そして姉の帰化を例に出して、「姉は韓国が嫌じゃなくて、プライドをもって帰化した」と語っている。D2の姉への見方は、姉が自身で折り合いをつけて、本名を使って韓国系日本人として生きていくことを、誇りをもって選んだ人だと位置づけている。

他方 E2 は、そもそも日本国籍であるので、他の対象者とは異なるが、KEY で様々な活動を主導的におこなっていくにあたって、今まで使用してきた日本名でいいのかという疑問のもと、本名をミドルネームとして使用するようになった。E2 にとっても、KEY での経験が本名を使用することにつながり、在日コリアンの歴史を学ぶ中で、新しく参加してくるメンバー（主にハングル講座受講生）に対して、語学を学ぶだけではもったいないと、自身が学んだことを、新規メンバーに伝えていきたいという思いを抱くようになった。E2 にとっての民族継承は、自身の経験を座標軸にして、在日コリアンの置かれた歴史を伝えることに大きな意味づけがされていると言える。この歴史を伝えることは、A2 にとっても非常に重視され、「なぜ、在日がことばを継承しようと、させようとしているのか、というところの歴史を語ることが大事かな（中略）歴史性を踏まえて学んでほしいと思う」と継承への期待を語っている。

　彼ら、彼女らには、歴史を伝えるだけの知識がある。その知識を得たのは、まぎれもなく KEY での学習会や体験であり、彼ら、彼女らは、民族的アイデンティティの指標である「歴史や文化への追究」をしてきた人たちなのである。対象者は、KEY という空間で、ともに学び、考えながら自身のエスニシティと向き合い、民族的アイデンティティを育み、本名で生きると決断した。彼ら、彼女らにとっての民族継承の根底にあるのは、在日コリアンの置かれた歴史性を学ぶための言語継承、国籍維持、本名使用、文化継承への希望なのである。しかしながら、実際の継承は、「強要したくない」ということばからもわかるように、民族の継承は、子どもにも「しんどさ」を経験させることにもなる。そのことを十分に承知しているがゆえに、民族を継承させていくことの難しさを感じているのではないだろうか。

（2）民族の選択的継承

　この項では、アンケート調査で得られたデータを示しながら、彼ら、彼女らのアイデンティティと継承意識について分析する。具体的には、国籍と本名使用（表 11）の確認後、国籍／本名とアイデンティティに関する項目（表

12〜18/19〜25)、国籍／本名と民族継承への希望（表26〜32/33〜39）に関する項目との関係について考察したい。ここで本名と国籍を軸としてアイデンティティと民族継承を分析する背景にはKEY参加者へのインタビューにおいて、本名と国籍への強いこだわりを感じたからである。また、在日コリアンの運動史の中で、国籍を維持すること、民族名を名乗る（取り戻す）ことが重視されてきた歴史的事実があることを思えば、運動団体であるKEY参加者の本名、国籍を軸に分析していくことは、一定の説得力があると考える。

表11　国籍と名前のクロス表

		名前			合計人 + %
		通名	本名	その他	
国籍　韓国		7【21.2%】 (70.0%)	25【75.8%】 (86.2%)	1【3.0%】 (100%)	33 (82.5%)
日本		3【42.9%】 (30.0%)	4【57.1%】 (13.8%)	0【0%】 (0%)	7 (17.5%)
合計人 + %		10【25.0%】	29【72.5%】	1【2.5%】	40

表11は、普段の生活場面での本名使用率の割合で、全体の約70%の者が本名を使用しており、韓国国籍者のほうが、日本国籍者よりも本名使用率が高い。全体の約70%が本名を使用していることは非常に高いと言える。朴（2014）は、『伊丹市外国人市民アンケート調査』（1999）を例に挙げ、1970年代に生まれた者では、母国籍、民族名の使用率、母国語の理解度などいずれの面でも民族化傾向を示す数値が高まっていることを指摘している。朴自身も朝鮮奨学会（奨学援護機関）のサマーキャンプに集まった1980年代以降に生まれた在日コリアン青少年（高校生・大学生）90名（有効調査票）を対象にアンケート調査を実施し、「いつも民族名を名乗っている」（34.4%）、「民族名を使うことが多い」（10%）という数値から、先の伊丹市の調査結果（1970年生まれの世代）と比べても、この世代（高校生、大学生）では民族名使用率が著しく高まっているとの調査結果を示した。朴が挙げた調査結果に比べてもKEY参加者の本名使用率は非常に高いことがわかる。また、対象者の大半が3世にもかかわらず、全体の約80%の者が韓国籍を維持していること

がわかる。

　次に彼ら、彼女らの国籍と民族的アイデンティティ[7]（表12〜18）／国籍と民族継承[8]への希望（表19〜25）の結果を、韓国国籍者中心にみてみよう。

　「文化への誇り」（表12）、「文化への愛着」（表13）をみると、前者「文化への誇り」の韓国国籍者では、「とても持っている」（5人）、「持っている」（22人）が、「あまり持っていない」（5人）、「全然持っていない」（1人）を大きく上回っている。日本国籍者の場合は、持っている（3人）が「あまり持っていない」（4人）を下回っており、全体的に韓国国籍者のほうが日本国籍者より「文化への誇り」の数値が高いことがわかる。後者「文化への愛着」にお

表 12　国籍とアイデンティティ（文化への誇り）のクロス表

		文化への誇り				合計人 + %
		とても 持っている	持っている	あまり 持っていない	全然 持っていない	
国籍	韓国	5【15.2%】 (100%)	22【66.7%】 (88.0%)	5【15.2%】 (55.6%)	1【3.0%】 (100%)	33 (82.5%)
	日本	0【0%】 (0%)	3【42.9%】 (12.0%)	4【57.1%】 (44.4%)	0【0%】 (0%)	7 (17.5%)
合計人 + %		5【12.5%】	25【62.5%】	9【22.5%】	1【2.5%】	40

表 13　国籍とアイデンティティ（文化への愛着）のクロス表

		文化への愛着			合計人 + %
		とても好き	好き	あまり好きではない	
国籍	韓国	11【33.3%】 (81.7%)	21【63.6%】 (84.0%)	1【3.0%】 (33.3%)	33 (82.5%)
	日本	1【14.3%】 (8.3%)	4【57.1%】 (16.0%)	2【28.6%】 (66.7%)	7 (17.5%)
合計人 + %		12【30%】	25【62.5%】	3【7.5%】	40

表 14　国籍とアイデンティティ（韓国朝鮮人としての意識）のクロス表

		韓国朝鮮人としての意識				合計人 + %
		とても 感じている	感じている	あまり 感じていない	全然 感じていない	
国籍	韓国	13【39.4%】 (100%)	16【48.5%】 (84.2%)	2【6.1%】 (33.3%)	2【6.1%】 (100%)	33 (82.5%)
	日本	0【0%】 (0%)	3【42.9%】 (15.8%)	4【57.1%】 (66.7%)	0【0%】 (0%)	7 (17.5%)
合計人 + %		13【32.5%】	19【47.5%】	6【15.0%】	2【5.0%】	40

表15　国籍とアイデンティティ（韓国朝鮮人としての幸福度）のクロス表

		韓国朝鮮人としての幸福度			合計人 + %
		とても感じている	感じている	あまり感じていない	
国籍	韓国	5【15.6%】 (100%)	20【62.5%】 (90.9%)	7【21.9%】 (58.3%)	32 (82.1%)
	日本	0【0%】 (0%)	2【28.6%】 (9.1%)	5【71.4%】 (41.7%)	7 (17.9%)
合計人 + %		5【12.8%】	22【56.4%】	12【30.8%】	39

表16　国籍とアイデンティティ（人生への影響）のクロス表

		人生への影響			合計人 + %
		深く考える	考える	あまり考えない	
国籍	韓国	13【39.4%】 (92.9%)	18【54.5%】 (78.2%)	2【6.1%】 (66.7%)	33 (82.5%)
	日本	1【14.3%】 (7.1%)	5【71.4%】 (21.7%)	1【14.3%】 (33.3%)	7 (17.5%)
合計人 + %		14【35.0%】	23【57.5%】	3【7.5%】	40

表17　国籍とアイデンティティ（人生への意味）のクロス表

		人生への意味				合計人 + %
		はっきり わかっている	わかっている	あまり わかっていない	全然 わかっていない	
国籍	韓国	6【18.2%】 (100%)	19【57.6%】 (95.0%)	7【21.2%】 (53.8%)	1【3.0%】 (100%)	33 (82.5%)
	日本	0【0%】 (0%)	1【14.3%】 (5.0%)	6【85.7%】 (46.2%)	0【0%】 (0%)	7 (17.5%)
合計人 + %		6【15.9%】	20【50.0%】	13【32.5%】	1【2.5%】	40

表18　国籍とアイデンティティ（歴史や文化への追究度：時間）のクロス表

		歴史や文化への追究度（時間）				合計人 + %
		たくさん 使っている	使っている	あまり 使っていない	全然 使っていない	
国籍	韓国	7【21.2%】 (87.5%)	17【51.5%】 (85.0%)	8【24.2%】 (72.7%)	1【3.0%】 (100%)	33 (82.5%)
	日本	1【14.3%】 (12.5%)	3【42.9 &】 (15.0%)	3【42.9%】 (27.3%)	0【0%】 (0%)	7 (17.5%)
合計人 + %		8【20.0%】	20【50.0%】	11【27.5%】	1【2.5%】	40

いても、韓国国籍者では、1人を除く全員が「とても好き」（11人）、「好き」（21人）と回答し、韓国国籍者の文化への愛着度は高い。

　次に、「韓国朝鮮人としての意識」（表14）をみると、韓国国籍者は「とて

も感じている」(13人)、「感じている」(16人)が、「あまり感じていない」(2人)、「全然感じていない」(2人)を大きく上回っているが、日本国籍者の場合は、「感じている」(3人)が、「あまり感じていない」(4人)を下回っている。「韓国朝鮮人としての幸福度」(表15)においても、韓国国籍者の「幸福度」は高く約7割を占め、日本国籍者のほうでは、「感じている」(2人)よりも「あまり感じていない」(5人)のほうが多かった。「人生への影響」(表16)では、韓国国籍者と日本国籍者とも考えていることがわかるが、韓国国籍者のほうが「深く考える」(13人)において顕著に多いことがわかる。一方、「人生への意味」(表17)では、韓国国籍者では、「はっきりわかっている」「わかっている」が7割にのぼり、日本国籍者では、「あまりわかっていない」(6人)と回答した者が多かった。「歴史や文化への追究度(時間)」(表18)では、韓国国籍者と日本国籍者とでは、韓国国籍者のほうが追究度は高い(時間を使って学んでいる)傾向にあることがわかる。

　以上のことから、全体的に韓国国籍者のほうが日本国籍者よりも民族的アイデンティティが高い傾向にあると考えられる。その要因としては、民族性を表す指標としての国籍は、自他において客観的に把握されることを出発点として、様々な場面において韓国人ということを意識化する(表13)と同時に、そのことを避けては通れないことが、「人生への影響」「人生への意味」を考えさせることにつながっていると解釈できる。ここで挙げたアイデンティティを構成する項目は、生まれ育った環境や時代背景やKEYでの経験も影響を及ぼしているだろう。

　次に、国籍と民族継承の関係をみてみよう。

　「本名使用への希望」(表19)をみると、日本国籍者では、希望の有無は半数ずつに分かれているが、韓国国籍者では、本名を使用させたいと思う(希望する)が8割(25人)にものぼっていることがわかる。国籍維持への希望(表20)についても数値は高く、「とても思う」(9人)、「思う」(11人)と、6割以上が望んでいる。日本国籍者では、回答数そのものが少なく判断できない。「同胞との結婚希望」(表21)では、両国籍者とも「全然思わない」(12人)、「あまり思わない」(16人)の数値が高く、日本国籍者では全員(6人)

表19　国籍と民族継承（本名使用への希望）のクロス表

		本名使用への希望				合計人+%
		全然思わない	あまり思わない	思う	とても思う	
国籍	韓国	1【3.2%】 （33.3%）	5【16.1%】 （83.3%）	11【35.5%】 （78.6%）	14【45.2%】 （100%）	31 （83.8%）
	日本	2【33.3%】 （66.7%）	1【16.7%】 （16.7%）	3【50.0%】 （21.4%）	0【0%】 （0%）	6 （16.2%）
合計人+%		3【8.1%】	6【16.2%】	14【37.8%】	14【37.8%】	37

表20　国籍と民族継承（国籍維持への希望）のクロス表

		国籍維持への希望				合計人+%
		全然思わない	あまり思わない	思う	とても思う	
国籍	韓国	3【9.7%】 （75.0%）	8【25.8%】 （88.9%）	11【35.5%】 （100%）	9【29.0%】 （100%）	31 （93.9%）
	日本	1【50.0%】 （25.0%）	1【50.0%】 （11.1%）	0【0%】 （0%）	0【0%】 （0%）	2 （6.1%）
合計人+%		4【12.1%】	9【27.3%】	11【33.3%】	9【27.3%】	33

表21　国籍と民族継承（同胞との結婚希望）のクロス表

		同胞との結婚希望				合計人+%
		全然思わない	あまり思わない	思う	とても思う	
国籍	韓国	10【31.2%】 （83.3%）	12【37.5%】 （75.0%）	9【28.1%】 （100%）	1【3.1%】 （100%）	32 （84.2%）
	日本	2【33.3%】 （16.7%）	4【66.7%】 （25.0%）	0【0%】 （0%）	0【0%】 （0%）	6 （15.8%）
合計人+%		12【31.6%】	16【42.1%】	9【23.7%】	1【2.6%】	38

表22　国籍と民族継承（文化維持への希望）のクロス表

		文化維持への希望				合計人+%
		全然思わない	あまり思わない	思う	とても思う	
国籍	韓国	1【3.2%】 （50.0%）	9【29.0%】 （69.2%）	17【54.8%】 （89.5%）	4【12.9%】 （100%）	31 （81.6%）
	日本	1【14.3%】 （50.0%）	4【57.1%】 （30.8%）	2【28.6%】 （10.5%）	0【0%】 （0%）	7 （18.4%）
合計人+%		2【5.3%】	13【34.2%】	19【50.0%】	4【10.5%】	38

表23　国籍と民族継承（チェサの継承への希望）のクロス表

		チェサの継承への希望				合計人+%
		全然思わない	あまり思わない	思う	とても思う	
国籍	韓国	8【25.0%】 （80.0%）	14【43.8%】 （82.4%）	8【25.0%】 （80.0%）	2【6.3%】 （100%）	32 （82.1%）
	日本	2【28.6%】 （20.0%）	3【42.9%】 （17.6%）	2【28.6%】 （20.0%）	0【0%】 （0%）	7 （17.9%）
合計人+%		10【25.6%】	17【43.6%】	10【25.6%】	2【5.1%】	39

第4章 在日コリアンの民族継承 135

表24 国籍と民族継承（韓国語習得への希望）のクロス表

		韓国語習得への希望			合計人 + %
		あまり思わない	思う	とても思う	
国籍	韓国	2【6.5%】(50.0%)	11【35.5%】(78.6%)	18【58.0】(90.0%)	31 (81.6%)
	日本	2【28.6%】(50.0%)	3【42.9%】(21.4%)	2【28.6%】(10.0%)	7 (18.4%)
合計人 + %		4【10.5%】	14【36.8%】	20【52.6%】	38

表25 国籍と民族継承（民族学校への希望）のクロス表

		民族学校への希望				合計人 + %
		全然思わない	あまり思わない	思う	とても思う	
国籍	韓国	4【12.5%】(57.1%)	11【34.4%】(73.3%)	10【31.3%】(100%)	7【21.9%】(100%)	32 (82.1%)
	日本	3【42.9%】(42.9%)	4【57.1%】(26.7%)	0【0%】(0%)	0【0%】(0%)	7 (17.9%)
合計人 + %		7【17.9%】	15【38.5%】	10【25.6%】	7【17.9%】	39

が、同胞との結婚を希望していない。「文化維持への希望」（表22）では、韓国国籍者では、約7割（21人）が希望し、日本国籍者では望まないとする回答のほうが多かった。「チェサの継承への希望」（表23）では、両国籍者とも、全体で7割程度（27人）が継承すべきだとは思っていないことがわかる。「韓国語習得への希望」（表24）では、両国籍者全体で9割程度が子どもの韓国語習得を望んでいる。「民族学校への希望」（表25）では、韓国国籍者の場合、希望の有無は、韓国国籍者でわずかに多いものの、ほぼ半数ずつに分かれており、日本国籍者の場合は、「あまり思わない」も含め、全員が望んでいないことがわかった。

　以上の調査結果から解釈できることは、韓国国籍者は、アイデンティティの構成要素である韓国人としての幸福度や誇りの高さが、本名使用（表19）、国籍維持（表20）への希望につながっているということである。その一方で、同胞との結婚希望（表21）、文化維持への希望（表22）、チェサへの希望（表23）、民族学校への希望（表25）においては、継承を望まない回答も多く、特に同胞との結婚、チェサの継承、民族学校選択においては顕著にあらわれている。これは、民族的アイデンティティの強さと民族継承の希望

（本名使用、国籍維持、チェサの継承）、あるいは民族継承の可能性を広げる同胞との結婚、民族学校選択とは必ずしも結びつかないことを意味している。在日コリアン保護者、KEY関係者のインタビューで明らかになったような「しんどさ」を孕む民族継承は、回避しようとしていると考えられる。他方、韓国語習得（表24）は全体的に強く望んでいることから、韓国語の習得は、アイデンティティを獲得するためのものだけでなく、子どもの可能性を広げるといった道具的意味合いがあるのではないかと考えられる。

　次に彼ら、彼女らの名前と民族的アイデンティティ（表26〜32）と名前と民族継承への期待（表33〜39）の結果を、本名使用者中心にみてみよう。

　「文化への誇り」（表26）をみると、通名使用者は、「持っている」（5人）、「あまり持っていない」（5人）と半数ずつで、本名使用者では、「とても持っている」（6人）、「持っている」（18人）にのぼっている。次に、「文化への愛着」（表27）をみると、通名・本名使用者の大半が愛着をもっていることが

表26　名前とアイデンティティ（文化への誇り）のクロス表

		文化への誇り				合計人 +%
		とても持っている	持っている	あまり持っていない	全然持っていない	
名前 通名		0【0%】(0%)	5【50.0%】(20.8%)	5【50.0%】(55.6%)	0【0%】(0%)	10 (25%)
本名		6【20.7%】(100%)	18【62.1%】(75.0%)	4【13.8%】(44.4%)	1【3.4%】(100%)	29 (72.5%)
その他		0【0%】(0%)	1【100%】(4.2%)	0【0%】(0%)	0【0%】(0%)	1 (2.5%)
合計人 +%		6【15.0%】	24【60.0%】	9【22.5%】	1【2.5%】	40

表27　名前とアイデンティティ（文化への愛着）のクロス表

		文化への愛着			合計人 +%
		とても好き	好き	あまり好きではない	
名前 通名		2【20.0%】(16.7%)	6【60.0%】(24.0%)	2【20.0%】(66.7%)	10 (25.0%)
本名		10【34.5%】(83.3%)	18【62.1%】(72.0%)	1【3.4%】(33.3%)	29 (72.5%)
その他		0【0%】(0%)	1【100%】(4.0%)	0【0%】(0%)	1 (2.5%)
合計人 +%		12【30.0%】	25【62.5%】	3【7.5%】	40

第4章 在日コリアンの民族継承 137

表28 名前とアイデンティティ（韓国朝鮮人としての意識）のクロス表

		韓国朝鮮人としての意識				合計人 + %
		とても感じている	感じている	あまり感じていない	全然感じていない	
名前	通名	1【10.0%】(7.7%)	6【60.0%】(31.6%)	3【30.0%】(50.0%)	0【0%】(0%)	10 (25%)
	本名	11【37.9%】(84.6%)	13【44.8%】(68.4%)	3【10.3%】(50.0%)	2【6.9%】(100%)	29 (72.5%)
	その他	1【100%】(7.7%)	0【0%】(0%)	0【0%】(0%)	0【0%】(0%)	1 (2.5%)
合計人 + %		13【32.5%】	19【47.5%】	6【15%】	2【5.0%】	40

表29 名前とアイデンティティ（韓国朝鮮人としての幸福度）のクロス表

		韓国朝鮮人としての幸福度			合計人 + %
		とても感じている	感じている	あまり感じていない	
名前	通名	0【0%】(0%)	5【50.0%】(22.7%)	5【50.0%】(41.7%)	10 (25.6%)
	本名	4【14.3%】(80.0%)	17【60.7%】(72.3%)	7【25.0%】(58.3%)	28 (71.8%)
	その他	1【100%】(20.0%)	0【0%】(0%)	0【0%】(0%)	1 (2.6%)
合計人 + %		5【12.8%】	22【56.4%】	12【30.8%】	39

表30 名前とアイデンティティ（人生への影響）のクロス表

		人生への影響			合計人 + %
		深く考える	考える	あまり考えない	
名前	通名	2【20.0%】(14.3%)	7【70.0%】(30.4%)	1【10.0%】(33.3%)	10 (25.0%)
	本名	11【37.9%】(78.6%)	16【55.1%】(69.6%)	2【6.9%】(66.7%)	29 (72.5%)
	その他	1【100%】(7.1%)	0【0%】(0%)	0【0%】(0%)	1 (2.5%)
合計人 + %		14【35.0%】	23【57.5%】	3【7.5%】	40

表31 名前とアイデンティティ（人生への意味）のクロス表

		人生への意味				合計人 + %
		はっきりわかっている	わかっている	あまりわかっていない	全然わかっていない	
名前	通名	0【0%】(0%)	5【50.0%】(25.0%)	5【50.0%】(38.5%)	0【0%】(0%)	10 (25.0%)
	本名	5【17.2%】(83.3%)	15【51.7%】(75.0%)	8【27.6%】(61.5%)	1【3.4%】(100%)	29 (72.5%)
	その他	1【100%】(16.7%)	0【0%】(0%)	0【0%】(0%)	0【0%】(0%)	1 (2.5%)
合計人 + %		6【15.0%】	20【50.0%】	13【32.5%】	1【2.5%】	40

表 32　名前とアイデンティティ（歴史や文化への追究度：時間）のクロス表

| | 歴史や文化への追究度（時間） | | | | 合計人 +% |
	たくさん 使っている	使っている	あまり 使っていない	全然 使っていない	
名前 通名	1【10.0%】 (12.5%)	4【40.0%】 (20.0%)	5【50.0%】 (45.5%)	0【0%】 (0%)	10 (25.0%)
本名	6【20.7%】 (75.0%)	16【55.2%】 (80.0%)	6【20.7%】 (54.5%)	1【3.4%】 (100%)	29 (72.5%)
その他	1【100%】 (12.5%)	0【0%】 (0%)	0【0%】 (0%)	0【0%】 (0%)	1 (2.5%)
合計人 +%	8【20.0%】	20【50.0%】	11【27.5%】	1【2.5%】	40

わかる。次に、「韓国朝鮮人としての意識」（表28）をみると、本名使用者の8割以上が、自らを韓国朝鮮人として意識しており、通名使用者においても意識している者が多い。「韓国朝鮮人としての幸福度」（表29）については、通名使用者では「感じている」（5人）、「あまり感じていない」（5人）と半数ずつに分かれ、本名使用者は、「とても感じている」、「感じている」を合わせて、7割以上が幸せを感じていることがわかる。「人生への影響」（表30）については、通名・本名使用者とも、韓国朝鮮人であることを「考える」割合が高くなっている。「人生への意味」（表31）では、通名使用者は、韓国朝鮮人であることが人生に影響を与えることを「わかっている」（5人）、「あまりわかっていない」（5人）と回答した者が半数ずつであるが、本名使用者の場合、「はっきりわかっている」、「わかっている」の割合が7割程度いる。「歴史や文化への追究度（時間）」（表32）では、通名使用者の半数が「たくさん使っている」、「使っている」と回答し、本名使用者の場合は、「たくさん使っている」（6人）、「使っている」（16人）が7割以上を占めている。

　以上の結果から、本名使用者のほうが「文化への誇り」（表26）、「韓国朝鮮人としての意識」（表28）をもっている傾向があることがわかる。普段の本名使用は、韓国朝鮮人として肯定的に捉えられていることのあらわれであり、本名を名乗ることは、絶えず自身の民族性を顕在化することで韓国朝鮮人の意識を強化したと考えられる。一方、通名使用者において通名使用は、韓国朝鮮人としての意識を弱化させるとは言えないが、本名使用者に比べて、ルーツを肯定的に捉えられていないことが、「文化への誇り」や「幸福

第4章　在日コリアンの民族継承　139

度」の低さにもつながっている可能性がある。次に名前と民族継承につい
て、本名使用者を中心にみてみよう。

　「本名使用への希望」（表33）をみると、通名使用者では、「全然思わない」
（2人）、「あまり思わない」（4人）が「思う」（3人）を上回っているのに対し
て、本名使用者の大半が本名使用を希望している。「国籍維持への希望」（表
34）をみると、本名使用者は、「思う」（9人）、「とても思う」（7人）が、「あ
まり思わない」（8人）、「全然思わない」（1人）を上回っているものの、「全然

表33　名前と民族継承（本名使用への希望）のクロス表

	本名使用への希望				合計人+%
	全然思わない	あまり思わない	思う	とても思う	
名前 通名	2【22.2%】(66.7%)	4【44.5%】(66.7%)	3【33.3%】(21.4%)	0【0%】(0%)	9 (24.3%)
本名	1【3.70%】(33.3%)	2【7.40】(33.3%)	11【40.7%】(78.6%)	13【48.1%】(92.9%)	27 (73.0%)
その他	0【0%】(0%)	0【0%】(0%)	0【0%】(0%)	1【100%】(7.1%)	1 (2.7%)
合計人+%	3【8.1%】	6【16.2%】	14【37.8%】	14【37.8%】	37

表34　名前と民族継承（国籍維持への希望）のクロス表

	国籍維持への希望				合計人+%
	全然思わない	あまり思わない	思う	とても思う	
名前 通名	3【42.9%】(75.0%)	1【14.3%】(11.1%)	2【28.6%】(18.2%)	1【14.3%】(11.1%)	7 (21.2%)
本名	1【4.0%】(25.0%)	8【32.0%】(88.9%)	9【36.0%】(81.8%)	7【28.0%】(77.8%)	25 (75.8%)
その他	0【0%】(0%)	0【0%】(0%)	0【0%】(0%)	1【100%】(11.1%)	1 (3.0%)
合計人+%	4【12.1%】	9【27.3%】	11【33.3%】	9【27.3%】	33

表35　名前と民族継承（同胞との結婚希望）のクロス表

	同胞との結婚希望				合計人+%
	全然思わない	あまり思わない	思う	とても思う	
名前 通名	6【60.0%】(50.0%)	3【30.0%】(18.8%)	1【10.0%】(11.1%)	0【0%】(0%)	10 (26.3%)
本名	5【18.5%】(41.7%)	13【48.1%】(81.3%)	8【29.6%】(88.9%)	1【3.70%】(100%)	27 (71.1%)
その他	1【100%】(8.3%)	0【0%】(0%)	0【0%】(0%)	0【0%】(0%)	1 (2.6%)
合計人+%	12【31.6%】	16【42.1%】	9【23.7%】	1【2.6%】	38

表 36　名前と民族継承（文化維持への希望）のクロス表

		文化維持への希望				合計人 + %
		全然思わない	あまり思わない	思う	とても思う	
名前	通名	1【11.1%】(50.0%)	6【66.7%】(46.2%)	2【22.2%】(10.5%)	0【0%】(0%)	9 (23.7%)
	本名	1【3.6%】(80.0%)	7【25.0%】(53.8%)	16【57.1%】(84.2%)	4【14.3%】(100%)	28 (73.7%)
	その他	0【0%】(0%)	0【0%】(0%)	1【100%】(5.3%)	0【0%】(0%)	1 (2.6%)
合計人 + %		2【5.3%】	13【34.2%】	19【50.0】	4【10.5%】	38

表 37　名前と民族継承（チェサの継承への希望）のクロス表

		チェサの継承への希望				合計人 + %
		全然思わない	あまり思わない	思う	とても思う	
名前	通名	5【50.0%】(50.0%)	3【30.0%】(17.6%)	1【10.0%】(10.0%)	1【10.0%】(50.0%)	10 (25.6%)
	本名	4【14.3%】(40.0%)	14【50.0%】(82.4%)	9【32.1%】(90.0%)	1【3.6%】(50.0%)	28 (71.8%)
	その他	1【100%】(100%)	0【0%】(0%)	0【0%】(0%)	0【0%】(0%)	1 (2.6%)
合計人 + %		10【25.6%】	17【43.6%】	10【25.6%】	2【5.1%】	39

表 38　名前と民族継承（韓国語習得への希望）のクロス表

		韓国語習得への希望			合計人 + %
		あまり思わない	思う	とても思う	
名前	通名	2【22.2%】(50.0%)	4【44.5%】(28.6%)	3【33.3%】(15.0%)	9 (23.7%)
	本名	2【7.1%】(50.0%)	10【35.7%】(71.4%)	16【57.1%】(80.0%)	28 (73.7%)
	その他	0【0%】(0%)	0【0%】(0%)	1【100%】(5.0%)	1 (2.6%)
合計人 + %		4【10.5%】	14【36.8%】	20【52.6%】	38

表 39　名前と民族継承（民族学校への希望）のクロス表

		民族学校への希望				合計人 + %
		全然思わない	あまり思わない	思う	とても思う	
名前	通名	4【40.0%】(57.1%)	5【50.0%】(33.3%)	1【10.0%】(10.0%)	0【0%】(0%)	10 (25.6%)
	本名	3【10.7%】(42.9%)	10【35.7%】(66.7%)	9【32.1%】(90.0%)	6【21.4%】(85.7%)	28 (71.8%)
	その他	0【0%】(0%)	0【0%】(0%)	0【0%】(0%)	1【100%】(14.3%)	1 (2.6%)
合計人 + %		7【17.9%】	15【38.5%】	10【25.6%】	7【17.9%】	39

思わない」、「思わない」も 3 割程度いる。次に、「同胞との結婚希望」（表
35）をみると、通名使用者の大半が、将来に子どもの配偶者のエスニシティ
を気にしておらず、本名使用者においても 7 割程度が「全然思わない」、「あ
まり思わない」と回答している。「文化維持への希望」（表 36）では、本名使
用者は、「思う」（16 人）、「とても思う」（4 人）が、「全然思わない」（1 人）「あ
まり思わない」（7 人）を上回っている。通名使用者では、「思う」（2 人）、「全
然思わない」（1 人）、「あまり思わない」（6 人）だった。「チェサの継承への希
望」（表 37）では、通名・本名使用者とも、チェサを継承すべきだとは、「全
然思わない」、「あまり思わない」と回答した者が多く、合わせて約 7 割に
のぼっている。「韓国語習得への希望」（表 38）では、通名・本名使用者とも、韓国語習得への期待が大きいことがわかる。「民族学校への希望」（表
39）では、通名使用者は、「思う」（1 人）を除いて全員が希望しておらず、本
名使用者は、「思う」（9 人）「とても思う」（6 人）が、「全然思わない」（3 人）
「あまり思わない」（10 人）をわずかに上回っている。

　以上の調査結果から、通名・本名使用者において、特に違いが出ている回
答は、本名使用への希望（表 33）、国籍維持への希望（表 34）、文化維持への
希望（表 36）が挙げられる。この違いの要因として考えられることは、KEY
の参加者の 8 割程度が韓国国籍を維持し、7 割程度が本名を使用しており、
そのことが韓国朝鮮人としての幸福度ともつながっていることである。本名
使用者において、本名使用や国籍維持、文化維持への希望は、「幸福度」を
低めるのではなく、むしろ、韓国朝鮮人としての「幸福度」を高めるための
継承だと捉えているのではないだろうか。

　一方、同胞との結婚希望（表 35）、チェサの継承への希望（表 37）、民族学
校への希望（表 39）においては、通名・本名使用者とも希望しない割合が高
いものの、本名使用者に着目すると、積極的に希望する者と、あまり希望し
ない者とに分けられる。特に民族学校への希望（表 39）では顕著であること
がわかる。

　以上のことから推察できることは、KEY の若者が、チェサを継承してい
くことの「しんどさ」、多様化している在日コリアンの受け皿になりえてい

ない民族学校、現実的でない同胞の配偶者との結婚といったことを認識することによって、民族に関わるすべてを継承させることには限界があると感じているということである。しかしながら、本名使用者に着目すると、同胞との結婚希望、チェサの継承への希望、民族学校への希望は、消極的であるとは言えず、特に民族学校への希望は、民族学校への意味づけが一様でないことのあらわれだと理解できる。

他方、通名・本名使用者とも韓国語習得への希望（表38）の数値が高いのは、韓国朝鮮人としてのアイデンティティを獲得するためのものだけでなく、それを土台として子どもの可能性を広げるといった意味合いがあるのではないかと考えられる。

4.　まとめ

最後に、アンケートの自由記述（記述者31人）とも合わせながらまとめたい。自由記述を分析すると、彼ら、彼女らにとっての民族継承は、①「人間成長のための民族継承」（記述1：否定しても知らなくても、朝鮮半島にルーツがあることは変わらない。受け入れる、そうでなくても人生を豊かにし、自分の存在について深く考えることができる。その過程で葛藤することがあるかもしれないが、深みのある人間になってほしい）、②「アイデンティティ獲得のための民族継承」（記述2：在日がアイデンティティをもつのに朝鮮の文化・歴史を知ることが重要だと思います）、③「ルーツを感じさせる／肯定的に捉えるための民族継承」（記述3：言語は伝えていきたい。言語が最もルーツを感じさせるものだと思うため）、④「祖先とつながるための民族継承」（記述4：在日の歴史とか存在を消したくない。ハルモニ、ハラボジの辛かった歴史を忘れさせたくない）、⑤「現実的な／負担なき民族継承」（記述5：パートナーが日本人なので、母親が韓国人だということ、ことばや文化は伝えていきたいが、名前や国籍は難しいと思っています。でもダブルであることは自信をもって伝えていきたいと思います）に分類できる。①から⑤の民族継承への思い（自由記述から）は、各人の一面しか捉えられないか

もしれないが、彼ら、彼女らが重視する、あるいは困難だと思う側面を表していると言える。

　一方、インタビュー対象者にとって KEY は、安全で安心できる空間であり、ことばを学び、歴史を学び、社会活動を通して、アイデンティティを形成する居場所となった。彼ら、彼女らの多くは、日本の学校に通いながら、日本人と「接触」する中で、「葛藤」や「違和感」を抱き、民族性を封印するなどして、自身のエスニシティと向き合ってきた。そのような経験があったからこそ、KEY というエスニック団体への回路が開かれたと言える。また、その回路へのアクセスには、大阪における在日コリアンの下位文化が形成されたことによる制度的完備があって可能になった側面は否定できないだろう。各自がその回路を進み、様々な経験をする過程で、対象者 5 名は通名から本名に変え(E2 はミドルネームに使用)民族性を顕在化させていった。

　インタビュー調査で明らかになった点は、KEY が民族性を継承するリソースとしての役割を果たしたことである。彼ら、彼女らにとって民族継承は、受身でなされたものではなく、日本社会での様々な経験を経て、自発的になされたものである。また、アンケート結果とインタビューで明らかになった点は、彼ら、彼女らが次世代の継承を考えるとき、「ことばの獲得」「国籍の維持」「本名使用」において強く望んでいたことである。しかしながら、望まないと回答した人(望む人も含めて)が危惧するところは、子どもが民族を継承することの「しんどさ」だろう。「チェサ」については、子どもの負担につながるという認識が高いと感じていることが大きな要因として考えられる。「ことばの獲得」については、C2 の「ことばは大勢の人と話せるのでいい、母国語は話せるにこしたことがない」と語るように、子どもの視野を広げるための、あるいはルーツ、アイデンティティを確認できるための言語として位置づけられることによって、期待の大きさにつながっていると考えられる。特に前者の子どもの可能性を広げることは、韓国語が 1 つの「資本」として捉えられるようになったことのあらわれであり、資本になりえなかった過去とは異なる側面であろう。

　また、自由回答で最も多かった「人間成長のための民族継承」は、彼ら、

彼女らが日本社会、学校、KEYでの体験、獲得したアイデンティティを、最終的には肯定的に意味づけていることのあらわれだと推察できる。一方で、前述したように子どもへの継承となると、「しんどさ」も孕む恐れから躊躇される。これこそが継承の難しさであり、分析から明らかになった点である。

　いずれにせよ、KEYのようなエスニック団体が、民族性を顕在化させる装置としての機能を有していることが明らかになった。家庭での継承が困難になってきた今の世代にとって、家庭や民族学校に代わって、このようなエスニック団体が民族継承の重要な砦となっていく可能性を示していると言えるだろう。

注

1　朝鮮半島にルーツをもつ在日コリアン青年、20代、30代の若者を中心としたメンバーで構成され、KEY-s（歴史人権講座）、ハングル講座、文化サークルなどの活動をおこなっている。

2　【　】は在日、韓国人NC、日本人の区別。「日」は日本の学校、「KIS」はコリア国際学園。H1を除く全員が日本の学校経験者。J1のみ未婚であるがジェンダー分析において参照できる点が多いため対象に含めた。C1は子どもを日本の学校（民族学級）に通わせた。E1は、インタビュー不可だったがアンケートであれば可能とのことで、子どもの教育戦略、文化伝達（チェサ）について回答してもらった。（—）は年齢不詳、—は不明、I1は個人が特定できないようにしている。
　なお、調査にあたっては、事前に大阪府立大学人間社会学研究科研究倫理委員会に承認を得ている。

3　梁（2004）は、「世俗化」を朝鮮半島郷村社会の「聖なるもの」を集合表象とする在日朝鮮人社会が、その「聖なるもの」を現世的な合理的・効率的なものへと置き換える過程として用いている。

4　アンケート分析では、KEYに参加する／していた40名（20代〜40代前半）のデータを対象とする。なお、世代は2世（2人）、2.5世（1人）、3世（32人）、3.5世（1人）、ダブル（3名）、クォーター（1名）である。【　】は在日、日本人の区別。学校選択の民族（±）は民族学校に消極的、民級（＋）は公立でも民族学級があれば可能性あり。—は不明。既婚者2名は在日（30代）との結婚。なおA2、E2は、安本博司「在日コリアンへの回帰：KEYでの活動を通して」『多文化関係学 vol.

10』2013、「在日コリアンの居場所をめぐる考察：KEY に参加する若者に着目して」『多文化関係学 vol. 11』2014、のデータも使用。

5 梁（2004）の 2 世、3 世を対象におこなった調査によると、2 世では有効回答者 54 人中、継承している人、継承する意志のある人を合計すると 48 人（9 割程度）にのぼったという。3 世でも有効回答数 92 人中、「従来どおりする」（32 人）、「少し簡素化する」（45 人）、「大胆に簡素化する」（9 人）を合計すると 86 人にのぼっていることから、その調査における対象者の継承意識は強いと言える。

6 KEY-s という名称（以前は歴史人権講座）で、在日に関するテーマに限らず様々なトピックに関する学び合い、フィールドワークなどを実施し、ハングル講座、文化サークルなどの活動をおこなっている。

7 民族的アイデンティティの構成要素は、一二三（2006）を参考にして作成している。アンケートの質問項目は次の通りである。①韓国朝鮮の文化や伝統に誇りを持っていますか。②韓国朝鮮の文化や伝統が好きですか。③自分が韓国人、朝鮮人であることを強く感じていますか。④自分が韓国人、朝鮮人であることに幸せを感じていますか。⑤韓国人、朝鮮人であることが人生にどんな影響を与えるか深く考えますか。⑥自分が韓国人、朝鮮人であることが自分の人生にどんな意味を持つか、はっきりわかっていますか。⑦韓国朝鮮の歴史や伝統・習慣について知るため、時間を使っていますか。

8 民族継承における質問項目は次の通りである。①子どもに本名を名乗らせたいですか。②子どもに韓国／朝鮮籍を維持してほしいと思いますか。③子どもに同胞と結婚してほしいと思いますか。④子どもに韓国朝鮮の年中行事や文化習慣を守ってほしいと思いますか。⑤子どもが法事（チェサ）を継承すべきだと思いますか。⑥子どもに韓国朝鮮語を学ばせたいと思いますか。⑦子どもを民族学校に通わせたいと思いますか。

第5章　総合的考察
─コリア系3者間の比較分析

　この章では、第1章で提示した【課題1】～【課題4】について、(1)韓国人NC、(2)朝鮮族、(3)在日コリアンの順に明らかになったことを整理し、第4節で【課題5】としして提示した3者間の比較で明らかになった点を図示する。

1.　韓国人ニューカマーの民族継承

　【課題1】における、移住者の歴史・社会的背景が教育戦略に影響を及ぼしているという知見は、本書の韓国人NCにおいても当てはまる。しかしながら、本書で明らかにした点は、移住者の越境理由の多様性と教育戦略との関わりである。具体的には、日本への移動が個人の自己実現的な要素の強い「自発的な移動」(留学、仕事)なのか、韓国からの「文化的逃避／避難」を含んでいるのかによって、教育戦略のたてかたに違いがみられたことである。前者の場合は、明確に帰国への道筋が述べられ、母語継承や民族学校選択は、将来の韓国での定住を可能にするため、あるいは韓国人としてのアイデンティティをもたせるための手段として意味づけられている。また、日本の学校選択者(希望者)においても、民族学校を嫌悪して、日本の学校を選択した／しようとしているわけでなく、異文化体験の1つとして、あるいは納得したうえで選択していると考えられている。これらの教育戦略は、「上昇ニューカマー」という側面が強い。一方、後者においては、将来の韓国への定住の希望はあるものの、帰国までの道のりが描けず、母語継承や民

族学校選択への希望はあるものの、教育戦略を実践していこうとする場合に一定の制限が加わっている。また、来日歴の早いNCにとっては、在日コリアンと共通する側面をもち、当時の社会背景が母語継承を抑制し、民族性の潜在化につながっていた。

【課題2】における、社会的上昇のための教育戦略だけではなく、上昇とは異なる別様の戦略に着目しながら、教育戦略の内実を明らかにする点においては、次のことが明らかになった。【課題1】とも関連するが、個別の移動の背景が、教育戦略の目指すものの違いとなっている点である。自発的な移動の要素の強いNCにとっての教育戦略は、上昇のための手段として位置づけられるのに対して、「文化的逃避／避難」を含む移動、あるいは来日歴の早いNCにとっては、上昇目的ではなく、帰国を実現するための、あるいは韓国人としてのアイデンティティを何とか保つための戦略としておこなわれていたことである。また母語継承は、韓国への再定住を果たすためのもの、あるいは、韓国人としての民族性を意識させるものとして大きな意味づけがされている。これらの結果は、志水・清水編（2001）で示された「上昇志向ニューカマー」とは別の側面であり、言語資本の獲得としての意味合いだけではない、母語継承の意味づけが明らかになった。

また、民族学校選択においては、民族的アイデンティティをもたせるための、あるいは在日コリアン家庭の民族継承を支えるものとして位置づけられ、意味づけの変遷に関して言えば、【課題4】とも関わるが、各自の様々な「接触」や社会環境の変化にともない、民族継承の意味づけが変化するといった動的な過程が明らかになった。

【課題3】における、ジェンダー視点での民族継承の考察では、教育における性別役割の強化（女性の負担）が明らかになった。具体的には、日本で民族継承を試みるとき、その役割を家庭内で担うのは主として女性であり、夫の日常の関与はみえてこなかった。夫の民族継承への理解は、民族継承を促すが、その理解とは別に、「NC側の遠慮」が、継承の困難さにつながっていることが明らかになった。もう1つの重要な知見は、NC女性が在日コリアン男性と結婚することによって、在日の民族継承に組み込まれたこと

で、さらなる葛藤を生じる可能性があることを示唆したことである。本書対象者で、在日コリアン男性と結婚したNC女性は、在日の歩んできた歴史を共有することで、民族継承へのあらたな意味づけが付加され、自身の意味づけともあいまって、在日コリアン家庭での民族継承を引き受けた。しかしながら、在日の女性が抱えてきた文化伝達の「しんどさ」を鑑みたとき、さらに自身の民族継承への意味づけが変化したとき、いったん引き受けた民族継承が大きな負担、葛藤につながる可能性がある。

　【課題4】における、移動後の「接触」やあらたに構築された越境ハビトゥスが教育戦略にどう影響を及ぼすのかという点では、いずれの対象者も、「接触」を通して、母国と比較し、民族性の違いや文化差異を認識する中で、教育戦略がたてられ、実践されていることがわかった。例えば在日コリアンの夫から、在日の歴史性を含んだ様々な情報や考えが伝播され、それを採用したり、日本人や日本社会との「接触」によって、民族的アイデンティティが喚起されたりしたことで民族性に固持、執着し、民族継承を強く望むことが確認できた。

　しかしながら、【課題3】でも示したが、在日コリアン家族との「接触」は、民族性継承の意味づけにおいて、変化が生じた場合、あるいは過大な役割を負わされたとき、あらたな葛藤を生じることも十分に考えられる。

2.　朝鮮族の民族継承

　【課題1】における、移住者の歴史・社会的背景が教育戦略に影響を及ぼしているという知見は、韓国人NCと同様に本書の朝鮮族においても当てはまるが、移動の目的に大きな違いがある。具体的には、朝鮮族の日本への移動は、留学目的が大半ではあるが、経済的な要因も含んでおり、そのことが定住への期待につながり、日本に軸足を置いた教育戦略がたてられていることに違いがある。また、彼ら、彼女らの戦略は、【課題2】とも関連するが、言語資本獲得のための教育戦略であり、日本で上昇を果たすための手段として展開されている点において、「上昇志向」という側面が強い。また、

中国の家族は、日本で生活基盤を形成するため、あるいは母語継承を支える資源として存在する。このことは、家族との良好な関係を維持していることのあらわれであり、多様な教育戦略を描ける素地になっている。

　【課題2】における、上昇のための教育戦略だけではなく、上昇とは異なる別様の戦略に着目しながら、教育戦略の内実を明らかにする点においては、次のことが明らかになった。朝鮮語を含めた複数言語習得は、朝鮮族のアイデンティティを確認するためのものであると同時に「資本」としての価値づけがされていることである。また、家庭内での母語継承は、自身の中国延辺での経験を支えに、母語継承は可能だという意味づけのもと、自然な形で使用されている。しかしながら、前述したように、子どもからのフィードバックによって、日本語使用中心になるケースも多くの事例から明らかになった。一方、中国語習得に関して言えば、「グローバル型能力」として将来、有益な威信性のある言語として、中国人としてアイデンティファイできる言語として意味づけがされている。そのことによって、中華学校が選択肢に含まれることが事例から明らかになった。また、【課題4】でも触れるが、日本人、日本社会との「接触」（肯定的な態度）から、日本の学校が第一義的な選択肢になっていることがわかった。

　【課題3】における、ジェンダー視点での民族継承の考察では、教育における性別役割が強化され、女性の負担になっていることが、いくつかの事例から明らかになった。例えば、夫との関係において、fを除く全員が朝鮮族ということもあり、基本的に家庭内で朝鮮語が自然に使われている。しかしながら、fを含め、母語を意識的に教育させようとする場合や習い事など家庭外での教育をどうするかといった日常的な教育への関わりは、母親中心であることがいくつかの事例から確認できた。

　【課題4】における、移動後の「接触」やあらたに構築された越境ハビトゥスが教育戦略にどう影響を及ぼすのかという点では、韓国人NCと同様に、いずれの対象者も、「接触」を通して、母国と比較し、民族性の違いや文化差異を認識する中で、教育戦略がたてられ実践されていることがわかった。しかしながら、その「接触」における日本人や日本社会への態度は韓国

人 NC とは異なり、朝鮮族の大半が日本人、日本社会へ肯定的な態度を抱いている。そのこともまた、日本への定住を後押しし、日本の学校選択へと方向づけられたと考えることができる。このことは、韓国人 NC が、日本での様々な葛藤から民族的アイデンティティを強める結果になったことと異なる。また、地域に居住する在日コリアンは、自分たち朝鮮族との比較の対象となり、地域に居住する在日コリアンはことばが話せない、民族学校出身者であっても韓国語が話せないコリアンとして認識され、その結果、韓国朝鮮系の民族学校は回避されていることがわかった。

3. 在日コリアンの民族継承

【課題1】における、移住者の歴史・社会的背景が教育戦略に影響を及ぼしているという知見は、本書対象者の在日コリアンが直接越境を経験していない点において適用できない。しかしながら、非自発的移動の要素の強い在日コリアンの越境の歴史、日本での経験が、後世代の彼ら、彼女らに伝わっていることを思えば無関係ではない。そのことを踏まえて、以下の【課題2】～【課題4】を明らかにしたい。

【課題2】における、社会的上昇のための教育戦略だけではなく、上昇とは異なる別様の戦略に着目しながら、教育戦略の内実を明らかにする点においては、次のことが明らかになった。まず、子どもをもつ在日コリアン女性のインタビューからは、家庭内での母語継承はすでに不可能であることから、民族学校にことばの習得を求めた。同時に、韓国語習得は子どもが将来生きていくうえで、有益であるという意味づけがされていることである。このことは、韓国語習得は、「資本」の獲得という側面も含んでいることのあらわれでもあり、「資本」となりえなかった過去とは決定的に異なる。また、民族学校選択は、「親の生き直し」という面もあるが、子どもの「視野を狭める」という認識をもつ事例もみられた。次に、KEY の若い世代からは、家庭内では母語継承はされておらず、母語継承は不可能であることをあらためて確認できた。また、将来の民族継承においても、子どもが韓国語を

習得することに「資本」として大きな期待をもっていると同時に、民族を感じるためのものとして捉えられていることがわかった。また、学校選択に関しては、在日コリアンの団体に所属しているからと言って、必ずしも多くのメンバーが民族学校に期待を寄せているわけでなく、民族を継承できる学校は必要との認識はあるものの、一様でない姿がはっきりと浮かび上がった。

　民族学校選択者、あるいは KEY 関係者の中で、民族継承への期待を寄せている者にとっての教育戦略は、社会的上昇のためのものではない。もちろん韓国語習得という面では、「資本」獲得という意味も含まれるが、むしろ、子どもが在日コリアンとしてのアイデンティティを獲得するための、あるいは、安心して民族性を育ませる手段として位置づけられている。ここにこそ、上昇志向 NC との違いがある。

　【課題3】におけるジェンダー視点での民族継承の考察では、在日コリアン保護者の場合、教育における性別役割が強化されている側面（儒教的価値観の存在）と、家庭外で民族性を表出させることに反発する夫との関係を見直し、自身を解放していくといった2つの意味を含んでいることが明らかになった。また、チェサの世俗化や寸断の背景には、女性自身の交渉が背景にあることも、いくつかの事例から確認できた。一方、KEY 参加者の民族継承への希望は、全体的に望む声が多かったものの、民族を継承することの「しんどさ」を認識することで、チェサの継承を望むことに歯止めがかかっている側面が見受けられた。

　【課題4】における、様々な「接触」において形成されたアイデンティティと教育戦略との関わりであるが、本書対象者の在日コリアンは、NC とは別様の葛藤を経験する中で在日コリアンとしてのアイデンティティを求めていった。その葛藤とは、自身の民族的アイデンティティに関わる葛藤である。NC は1世であることから、大きく自身のアイデンティティが揺らぐようなことは起こりにくい。しかしながら、在日コリアンの後世代は、様々な「接触」を通して、あるいは日本と朝鮮半島の歴史を知る過程で、学校や社会で自身のアイデンティティと向き合わなければならないことが多い。本書の対象者もまた、日本社会での様々な葛藤経験から民族性を隠したり、求め

たりしていった。彼ら、彼女らの教育戦略は、不安定なアイデンティティを出発点としてたてられていることがわかる。その教育戦略は「親の生き直し」を意味し、あるいは、子どもにアイデンティティの危機を経験させないために、在日コリアンとして生きていくための方略でもある。また、KEYの若い世代も同じく、様々な葛藤が契機として、民族性を獲得し顕在化させていった。その一方で、彼ら、彼女らは、エスニック団体に参加しているからといって、民族継承を望むとは限らない。在日コリアン女性へのインタビューを経て、いくつかの事例をもって在日のコミュニティに深く関わった経験をもつ者は、民族継承を強く望むのではないかという疑問がKEYを調査対象に選んだきっかけになった。しかしながら、KEYでの調査結果は、筆者の疑問（＝期待）を裏切り、彼ら、彼女らの民族継承が一様ではない姿が浮き彫りになった。換言すれば、個々の多様性を包含するKEYの姿が浮かび上がったのである。

　いずれにしても、民族継承を期待する本書対象者にとっての教育戦略は、決して上昇のための、資本獲得のためのものではない。言わずもがな、子どもが自身の民族性を卑下することなく、民族性を当たり前のように顕在化させながら生きていけるようにするための戦略である。民族を継承すること、顕在化させていくことの目指すべき帰着点は、ありのままの自分が承認される社会であろう。その帰着点までの過程そのものが、彼ら、彼女らの日本社会に対する異議申し立てだと言えないだろうか。

　以上の分析からわかることは、コリア系移住者は同じエスニシティを有しながらも異なる歴史的背景、社会化の過程を経てきたところに、韓国朝鮮人としてのアイデンティティという枠では括れない多様性があることである。そのことが、民族継承の意味づけの違いにもあらわれているのではないだろうか。

4.　コリア系移住者の比較

　これまでの分析からわかることは、コリア系移住者は同じエスニシティを

有しながらも異なる歴史的背景、社会化の過程を経てきたところに、韓国朝鮮人としてのアイデンティティという枠では括れない複雑さである。そのことが、民族継承の意味づけの違いにもあらわれているのではないだろうか。ここでは、【課題5】で挙げたように、【課題1】〜【課題4】を通して、本書で明らかになった点を示す。

表40　コリア系移住者の比較

コリア系移住者	移動の経緯	接触（日本人／社会）	越境ハビトゥス	教育戦略	民族性の顕在／潜在
韓国人 NC	自発的移動 （非）自発的移動 （文化的逃避／避難）	否定 ↓ 葛藤 ↓ 肯定	民族的アイデンティティの目覚め（固持・執着） ↓ 民族的アイデンティティの相対化	積極的戦略（実践＋） 消極的戦略（実践−）	顕在（＋） 顕在（±）
朝鮮族	自発的移動（経済的要因）	肯定	言語資本の目覚め（複数言語使用の有効性への認識）	選択的戦略（実践＋）	潜在（−）
在日コリアン	（非）自発的移動（後世代）	肯定→葛藤 否定→葛藤	民族的アイデンティティの再構築	積極的戦略（実践＋） 消極的戦略（実践−）	顕在（＋） 顕在（−）

　表40は、各章の「まとめ」の考察の結果を、「移動の経緯」→「接触」→「越境ハビトゥス」→「教育戦略」→「民族性の顕在／潜在」という順にしたがって表したものである。繰り返しになるが、簡略に説明したい。

　韓国人 NC の場合、いっけん自発的な移動のようにみえるが、非自発的要素をともなった韓国社会からの「文化的逃避／避難」といった側面がある。日本社会への適応の観点で言えば、来日当初の様々な「接触」から、葛藤を経験し、韓国人であることを強く意識することによって、民族的アイデンティティが覚醒される。民族的アイデンティティの目覚め（固持・執着）によって獲得された越境ハビトゥスは、子どもの教育においても影響を与え、民族継承を強く望むようになる。しかしながら、韓国社会からの「文化的逃避／避難」を含む移動の場合は、民族を継承するための教育戦略を具体的に実効性の高いものとして行動に移すことに制限がかかり、消極的戦略（実践−）となる。NC の抱えていた当初の葛藤は、やがて時間の経過ととも

に変化し、親自身の日本社会への参入によって、適応の方略を獲得していく。その過程で日本人、日本社会への理解が進むことによって、アイデンティティが相対化（固持・執着からの解放）され、民族継承も異なる意味づけのもと、顕在化されたり、潜在化されたりしていく。

朝鮮族の場合、就学（留学）という形態で移動してきていることから自発的な移動ではあるが、その背景には経済的な側面も含んでいる。日本社会での適応の面では、日本人や日本社会との「接触」を通して肯定的に捉え、そのことが日本社会への定住志向につながっている。朝鮮族としてのアイデンティティは、移動によって韓国人 NC のように覚醒（固持・執着）されることはなく、朝鮮族としてのアイデンティティが大きく揺らぐことはない。むしろ、自身の有する言語資本の有益性を再認識するという、韓国人 NC とは別様の目覚めを経験したと言える。そして複数言語使用が朝鮮族アイデンティティの根幹であるという越境ハビトゥスを獲得し、三言語を子どもに習得させようとする。しかしながら、その実践は定住志向、上昇するための方略として、民族を潜在化（−）させながら民族を継承する、いわば民族の選択的戦略（実践＋）として位置づけられる。

他方、在日コリアンの場合、直接的な移動をともなってはいないが、非自発的要素の強い在日 1 世の後世代であることから、過去の経験を共有する環境にあり、また日本社会での経験から民族性の表出は、差別や偏見を意識して抑制され、潜在化していく。それらアイデンティティの危機に関わるような葛藤経験は、日本人や日本社会への肯定的／否定的態度を問わず、立ちあらわれてくる。彼ら、彼女らにとってアイデンティティの危機を乗り越えるための 1 つの戦略が、民族継承のための教育戦略である。つまり、アイデンティティ獲得の手段として韓国朝鮮語の使用や民族学校の選択といった教育戦略をたてることである。あるいは KEY のようなエスニック団体へ自らアクセスして民族的アイデンティティを再構築し、アイデンティティの危機を乗り越えようとする。そのことによって、自身の民族性は顕在化（＋）していくが、次世代の継承では民族継承することの「しんどさ」への認識によって、積極的／消極的戦略と分岐し、顕在／潜在化（±）に分かれていく。

彼ら、彼女らにとってアイデンティティの危機を乗り越えるための1つの戦略が、民族継承のための教育戦略であり、民族学校を継承するための重要な場所だと捉えている。あるいは、KEY のようなエスニック団体へ自らアクセスして民族的アイデンティティを再構築していくことである。

　以上が、移動から教育戦略がたてられるまでの3者間の違いである。一方3者の共通点は、移動の経緯（社会的位置づけ、個別の事情）、日本での経験、母国と日本の比較によって形成された越境ハビトゥスが、教育戦略、ひいては民族継承に影響を与え、あらたな役割を担う傾向にあることである。特に、「意味ある他者」[1]（夫）との「接触」や子どもからのフィードバックが民族継承に大きな意味をもつことが明らかになった。また、地域の日本人や在日コリアンとの「接触」もまた、民族継承に大きく影響を及ぼしていることがわかった。

5.　コリア系移住者の物語—多様性に着目して

　前節では、コリア系移住者3者間の比較をおこない、共通点、相違点を明らかにした。しかしながら、NC と言っても移動の経緯、日本人や日本社会への態度、民族継承への意味づけも一様ではない。本書での3者間の比較は、特徴的な点を切り取ったに過ぎない点は留意しなければならないだろう。

　個人に着目してみた場合、韓国人 NC であっても、民族継承は移動の経緯、夫（妻）のエスニシティの違い、世代、対日歴の長短、社会参加の程度によって異なる意味づけがされている。朝鮮族においては、朝鮮族としてのアイデンティティが強い者、あるいは中国人としてのアイデンティティが強い者とでは、学校選択の希望も異なってくる。さらに経済的な基盤が安定している者とそうでない者とでは、活用できる資源、選択の幅も異なり、教育戦略の違いとなってあらわれている。

　在日コリアンにおいては、エスニック団体に所属する者と、そうでない者とでは、民族性を顕在化させることの意味づけにおいて異なる可能性があ

第 5 章 総合的考察 157

る。つまり、エスニック団体や民族学校などの同胞コミュニティを経験し、なおかつ互いに「学びあう場」(KEY での歴史人権講座)があるかどうかによって、異なる意味づけがされていることである。

　KEY での経験からもたらされた将来の子どもへの民族継承の意味づけが、どこまで普遍性をもつのかは難しい。前述した在日コリアン女性との関係で言うのならば、同胞のコミュニティに属する程度、例えば、民族学校やエスニック団体での経験の有無、普段の交際相手が同胞中心か否かによって、自身の民族性の顕在化に影響があると言える。しかしながら、民族継承においては、親の同胞コミュニティでの経験がどこまで影響を与えているのかを説得的に提示することは、F1、I1 の事例のみでは難しい。

　次に、地域での同胞との接触という観点で言えば、「大阪」という居住地は少なくとも民族性を顕在化させるきっかけを与えてくれる。本書対象者で言えば、C1 にとって北海道から大阪にやってきたことが契機となり、自身の民族性を強く意識することになった。また C1 自身が親になり、日本の公立学校にある民族学級に子ども 3 人を通わせることができたのは、民族学級が公的に制度完備されている「大阪」という地域の特殊性があったからである。

　コリア系移住者の民族継承をカテゴリー化することは、比較研究という観点から重要であるが、個々の多様性を潜在化させてしまう可能性がある。3 者間で共通する典型的な物語もあれば、個々の物語もあることを本書の対象者は教示してくれたのではないだろうか。

注

1　「意味ある他者」は、主観的現実の維持にとって最も重要な仲介人であり、さほど重要ではない他者も「合唱隊」として機能(意味ある人の証言を裏書きする)するという (Berger and Luckman 1966)。本書においても、意味ある他者や地域の日本人や在日コリアンとの不断の「接触」は、彼ら、彼女らの主観的現実の維持、民族継承への意味づけに大きな影響を与えていると考えられる。

参考文献

浅川公紀（2013）「グローバル化された世界におけるトランスナショナリズムの潮流」『武蔵野大学政治経済研究所年報』7: 1–16.

東照二（2000）『バイリンガリズム』講談社現代新書.

阿比留久美（2012）「居場所の批判的検討」田中治彦・萩原健次郎編『若者の居場所と参加』東洋館出版社：36–51.

李承珉（2008）「韓国人ニューカマーの定住化と課題」川村千鶴子編『「移民国家日本」と多文化共生論―多文化都市・新宿の深層』明石書店：111–137.

李恵景（2012）「韓国の移民政策における多文化家族の役割」落合恵美子・赤枝香奈子編『アジア女性と親密性の労働』京都大学学術出版会：305–326.

李明哲（2011）「民族マイノリティのジレンマ―在日コリアンの民族的アイデンティティの行方」『海港都市研究』6: 19–30.

李容玲（2009）「日本人と外国人の共生を促す決定要因について―JGSS-2005 データに反映する制度と意識の相関性」『General Social Surveys 研究論文集』8（JGSS Research Series No. 5）：121–140.

石井恵理子（2000）「ポルトガル語を母語とする在日外国人児童生徒の言語教育に関する父母の意識『日系ブラジル人のバイリンガリズム』国立国語研究所：116–142.

石井恵理子（2007）「JSL の子どもの言語教育に関する親の意識」『異文化間教育』26 アカデミア出版会：27–39.

石井洋二郎（1993）『差異と欲望―ブルデュー「ディスタンクシオン」を読む』藤原書店.

石川裕之（2014）「韓国の教育熱と家族のかたち―早期留学の問題を中心に」平田由紀江・小島優生編『韓国家族―グローバル化と「伝統家族」のせめぎあいの中で』亜紀書房：241–274.

石本雄真（2009）「居場所概念の普及およびその研究と課題」『神戸大学大学院人間発達環境学研究科』3（1）：93–100.

伊藤孝恵（2005）「国際結婚夫婦の価値観等の相互理解と共生」『山梨大学留学生センター研究紀要』1: 5–16.

伊藤孝恵（2007）「外国人妻の夫婦間コミュニケーションの問題―先行研究の整理から」『山梨大学留学生センター研究紀要』2: 17–24.

林永彦（2004）『韓国人の企業家―ニューカマー起業過程とエスニック資源』長崎出版.

任榮哲（2005）「在外韓国人の言語生活」真田信治・生越直樹・任榮哲編『在日コリアンの言語相』和泉書院：53–86.

岩間暁子・大和礼子・田間泰子（2015）『問いからはじめる家族社会学―多様化する家

族の包摂に向けて』有斐閣.

岩見宮子 (1993)『日本に定住したインドシナ難民の母語の保持と喪失に関する調査研究報告書』社団法人国際日本語普及協会.

呉満 (1985)「在日韓国・朝鮮人児童と本名問題─大阪市立 M 小学校を中心にして」桃山学院大学『総合研究所報』11 (2)：27–37.

大阪市教育委員会 (2001)「在日外国人基本方針─多文化共生の教育を目指して」大阪市教育委員会.

太田晴雄 (2000)「ニューカマーの子どもの学校教育─日本的対応の再考」『多文化教育の国際比較─エスニシティへの教育の対応』玉川大学出版部：284–308.

大谷尚 (2008)「4 ステップコーディングによる質的データ分析手法 SCAT の提案─着手しやすく小規模データにも適用可能な理論化の手続き」『名古屋大学大学院教育発達科学研究科紀要』(教育科学) 54: 27–44.

大槻知史 (2003)「生活構造論の拡張による「都市における住民と地域社会の関係」についての新たな分析枠組みの提示─「地域互助」による生活課題解決の可能性を探る基礎として」『政策科学』11 (1)：61–71.

奥田道大・田嶋淳子 (1993)『新宿のアジア系外国人』めこん.

生越直樹 (1983)「在日朝鮮人の言語生活」『言語生活』376、筑摩書房：26–34

生越直樹 (2005)「在日コリアンの言語使用意識とその変化」真田信治・生越直樹・任榮哲編『在日コリアンの言語相』和泉書院：11–52.

生越直樹 (2011)「在日コリアンにおけるニューカマーの子供たちの言語使用」『일본연구』50、韓国外国語大学　日本研究所：123–139.

オストハイダ・テイヤ (2006)「「母国語」か「母語」か─日本における言語とアイデンテンティティの諸相」『近畿大学語学教育部紀要』6 (1)：1–15.

小野原信善・大原始子編 (2005)『ことばとアイデンティティ─ことばの選択と使用を通して見る現代人の自分探し』三元社.

柏崎千佳子 (2012)「象徴的エスニシティの難しさ─比較の視点からみた日本の移民・同化・市民権」『アメリカ太平洋研究』12、東京大学大学院総合文化研究科附属グローバル地域研究機構アメリカ太平洋地域研究センター：33–43.

川村千鶴子編 (1998)『多民族共生の街・新宿の底力』明石書店.

許燕華 (2011)「中国朝鮮族のトランスナショナルな移動生活─在韓出稼ぎ女性のライフ・ヒストリーから」『京都社会学年報』19: 39–59.

金花芬 (2015)「在日本朝鮮族の教育戦略─家庭内使用言語と学校選択を中心に」『人間社会学研究集録』10: 49–70.

金花芬 (2016)『日本における中国朝鮮族の生活現状に関する研究─大阪におけるコミュニティの形成と継承を中心に』大阪府立大学大学院　博士論文.

金京姫 (2009)「グローバル化時代における韓国家族の変化と挑戦─トランスナショナルな家族を中心に」張恵英訳『立命館大学人文科学研究所紀要』92: 203–228.

金紅梅 (2010)「中国延辺朝鮮族自治州における言語教育政策の今日の課題─中国の普

通話政策との関わりを中心に」『政策科学』17（2）、立命館大学政策科学会：71–84.

金仙熙（2014）「現代韓国社会における「女性問題」」福原裕二・吉村慎太郎編『現代アジアの女性たち—グローバル化社会を生きる』新水社：325–345.

金仙美（2008）「異文化を生きるということ—ニューカマー韓国人母親の「移動」と「定住」」『教育思想』35、東北教育哲学教育史学会：63–79.

金兌恩（2006）「公立学校における在日韓国・朝鮮人教育の位置に関する社会学的考察—大阪と京都における「民族学級」の事例から」京都社会学年報第14: 21–41.

金兌恩・宋基燦（2012）「在日コリアンの民族教育と公共圏—朝鮮学校、公立学校、地域の教育施設での実践事例の比較から」『京都大学グローバル COE GCOE ワーキングペーパー次世代研究』79.

金泰泳（1999）『アイデンティティ・ポリティックスを超えて—在日朝鮮人のエスニシティ』世界思想社.

金美栄（2015）「女性にとって家族とは何だったのか—常識とは異なる朝鮮時代の婚姻と祭祀規則」奎章閣韓国学研究院編　李淑仁責任企画　小幡倫裕訳『朝鮮時代の女性の歴史—家父長的規範と女性の一生』明石書店：182–200.

金明秀（2009）「エスニシティの測定論（1）—在日韓国人青年意識調査から」『関西学院大学社会学部紀要』108: 63–74.

金明秀（2010）「エスニシティの測定論（2）—サンドバーグのフィニーの試み」『関西学院大学社会学部紀要』109: 83–90.

金明姫・浅野真一（2012）「韓国における中国朝鮮族の生活と社会意識」『神戸大学大学院人間発達環境学研究紀要』6（1）：53–62.

金侖貞（2011a）「不可視化される在日コリアンと日本社会、そして教育を考える」『解放教育』2月号　明治図書出版：53–59.

金侖貞（2011b）「地域社会における多文化共生の生成と展開、そして、課題」『自治総研』392: 59–82.

金英花（2014）『中国朝鮮族の国際的な移動と子供の教育—出稼ぎの変容と留守児童の問題から見る家庭生活』宇都宮大学　博士論文.

金英実（2009）「中朝バイリンガルの言語意識についての事例研究」『多文化接触場面の言語行動と言語管理』vol. 7『千葉大学大学院人文社会科学研究科プロジェクト報告書』218: 33–42.

金南咲季（2016）「地域社会における外国人学校と日本の公立学校の相互変容過程—コンタクト・ゾーンにおける教育実践に着目して」『教育社会学研究』98: 113–133.

具・佐野（2013）「韓国人『ニューカマー』の子育て：KJ 法を用いた対処プロセス分析」『東京学芸大学教育実践研究支援センター紀要』9：31–38.

権寧俊（2005）「朝鮮人の「民族教育」から朝鮮族の「少数民族教育」へ」『文教大学国際学部紀要』15（2）：175–203.

権香淑（2006）『移動する朝鮮族』彩流社.

権香淑 (2011)「朝鮮族の移動と東北アジアの地域的ダイナミズム―エスニック・アイデンティティの逆説」『北東アジア研究』20: 31–50.

倉石一郎 (2016)「日本型「多文化共生教育」の古層―マイノリティによる立場宣言実践によせて」『異文化間教育』44 アカデミア出版会：65–81.

栗原真孝 (2010)「オールドカマーの子どもを対象とする教育政策に関する歴史的考察―大阪市教育委員会を事例として」『早稲田大学大学院教育学研究紀要』別冊 17: 181–190.

桑山紀彦 (1995)『国際結婚とストレス』明石書店.

高賛侑 (1993)『アメリカ・コリアンタウン―マイノリティの中の在米コリアン』社会評論社.

高鮮徽 (2012)「中国朝鮮族のグローバルな移動と韓国人、脱北者の関係」『言語と文化』24、文教大学：51–67.

小内透 (2007)「トランスナショナルな生活世界と新たな視点」『「調査と社会理論」・研究報告書』24: 1–11.

国際高麗学会日本支部編 (2010)『在日コリアン辞典』明石書店.

小松田儀貞 (2008)「「再生産戦略」再訪―ブルデュー社会学における「戦略」概念についての一考察」『秋田県立大学総合科学研究彙報』9: 1–8.

斉藤ひろみ (1997)「中国帰国者子女の母語喪失の実態―母語保持教室に通う 4 名のケースを通して」『言語文化と日本語教育』14、お茶の水女子大学：26–40.

斉藤ひろみ (2005)「日本国内の母語・継承語教育の現状と課題―地域及び学校における活動を中心に」『母語・継承語・バイリンガル教育 (MHB) 研究』創刊号：25–43.

在日コリアン青年連合 (2011)『韓青連／ KEY20 年の歩み』在日コリアン青年連合.

在日コリアン青年連合 (2013)『K-magazine』29、在日コリアン青年連合.

桜井厚 (2002)『インタビューの社会学―ライフストーリーの聞き方』せりか書房.

桜井厚・小林多寿子編 (2005)『ライフストーリー・インタビュー―質的研究入門』せりか書房.

真田信治・庄司博史編 (2005)『事典　日本の多言語社会』岩波書店.

芝野淳一・薮田佳子 (2013)「グローバル時代における世界の「外国人学校」」『「外国人学校」の社会学―「往還する人々」の教育戦略を軸に』大阪大学未来戦略機構第五部門：18–30.

渋谷真樹 (2010)「ドイツ語圏スイスにおける移民教育―母語母文化教育を中心に」『奈良教育大学紀要』59 (1)：21–29.

渋谷真樹 (2011)「在瑞日系国際結婚家庭の社会的背景と教育戦略―日本語教育機関に通わせる保護者へのアンケート調査に基づいて」『教育実践総合センター研究紀要』20: 111–119.

志水宏吉 (2010)「日本の学校文化はどう変わるか―国際比較からみた日本の教育」志水宏吉監　岩槻健・西田芳正編『教育社会学への招待』大阪大学出版会：248–

262.

志水宏吉・清水睦美編 (2001)『ニューカマーと教育』明石書店.

志水宏吉・山本ベバリーアン・鍛治致・ハヤシザキカズヒコ編 (2013)『「往還する」人々の教育戦略—グローバル社会を生きる家族と公教育の課題』明石書店.

志水宏吉・中島智子・鍛治致編 (2014)『日本の外国人学校—トランスナショナリティをめぐる教育政策の課題』明石書店.

朱�淑 (2003)「日本語を母語としない児童の母語力と家庭における母語保持—公立小学校に通う韓国人児童を中心に」『言語文化と日本語教育』26、お茶の水女子大学：14–26.

鈴木一代 (2008)「複数文化環境と文化・言語の継承—日系国際児の親の視点から」『埼玉学園大学紀要』(人間学部篇) 8: 75–89.

関口知子 (2008)「越境家族の子どもたち—新移住者第二世代の言語とアイデンティティ」南山短期大学紀要 36: 75–101.

千守城 (2005)『比較言語文化論による日本語の言語文化—異文化理解教育としての日本語教育』J & C.

徐阿貴 (2012)『在日朝鮮人女性による「下位の対抗的な公共圏」の形成—大阪の夜間中学を核とした運動』御茶の水書房.

宋基燦 (2012)『「語られないもの」としての朝鮮学校—在日民族教育とアイデンティティ・ポリティクス』岩波書店.

成玖美 (1997)「在日朝鮮人のエスニシティ—「剥奪された存在」というまなざしの限界」『生涯学習・社会教育学研究』22: 35–44.

平直樹ほか (1995)「在日朝鮮人青年にみる民族的アイデンティティの状況によるシフトについて」『教育心理学研究』43 (4)：380–391.

田中克彦 (1981)『ことばと国家』岩波新書.

田中宏 (2013)『在日外国人　第三版—法の壁、心の溝』岩波新書.

谷富夫 (1995)「エスニック社会における宗教の構造の機能—大阪市都市圏の在日韓国・朝鮮人社会を事例として」『人文研究』47 (4)：295–312.

谷富夫編 (2002)『民族関係における結合と分離—社会的メカニズムを解明する』ミネルヴァ書房.

谷富夫編 (2008)『新版　ライフヒストリーを学ぶ人のために』世界思想社.

谷富夫編 (2015)『民族関係の都市社会学—大阪猪飼野のフィールドワーク』ミネルヴァ書房.

田村公人 (2013)「都市下位文化理論の再検討—エスノグラフィーによる検証に向かって」『東京女子大学社会学年報』1: 18–31.

田村公人 (2015)『都市の舞台俳優たち—アーバニズムの下位文化理論の検証に向かって』ハーベスト社.

中国朝鮮族研究会編 (2006)『朝鮮族のグローバルな移動と国際ネットワーク—「アジア人」としてのアイデンティティを求めて』アジア経済文化研究所.

趙貴花(2008)「グローバル化時代の少数民族教育の実態とその変容―中国朝鮮族の事例」『東京大学大学院教育学研究科紀要』47: 177–187.

趙貴花(2012)「高学歴中国朝鮮族の移動―先を見つめる子育てとハイブリッド・アイデンティティ―」『アジア太平洋研究』37、成蹊大学アジア太平洋研究センター：47–63.

趙南実(2007)「中国朝鮮族の民族語に対する言語意識からみるアイデンティティの考察―延辺大学における質問表調査を通して」『大学院論文集』4、杏林大学：17–32.

鄭京姫(2011)「言語の境界を生きる「母語」「母国語」「外国語」をめぐる言語意識」『リテラシーズ』9: 31–39.

鄭大均(2001)『在日韓国人の終焉』文春新書.

鄭暎惠(2003)『〈民が代〉斉唱―アイデンティティ・国民国家・ジェンダー』岩波書店.

堤一直(2012)「中国朝鮮族の日本の過去(1910〜45年)に対する認識―来日前後の変化に着目して」『アジア太平洋レビュー』9: 59–72.

徳永智子(2008)「「フィリピン系ニューカマー」生徒の進路意識と将来展望―「重要な他者」と「来日経緯」に着目して」『異文化間教育』28、アカデミア出版会：87–99.

富田和広(2006)「中国農村家族と戦略理論」『県立広島大学人間文化学部紀要』1: 123–135.

中島和子(2001)『バイリンガル教育の方法―増補改訂版』アルク.

中島智子(2004)「公教育における外国人学校の位置づけに関する試論―私立大学であり民族学校であるということ」『プール学院大学研究紀要』44: 117–131.

中島智子(2005)「「在日」が「ニューカマー」だった頃―戦前期在日朝鮮人の就学実態」『プール学院大学研究紀要』45: 141–157.

中島智子(2007)「「オールドカマー」と「ニューカマー」をつなぐ」『解放教育』11月号、明治図書出版：18–24.

中島智子(2010)『異文化間教育研究におけるインタビュー手法の相互性構築過程と作品化の研究』平成19年度〜21年度　科学研究費補助金成果報告書.

中島智子(2011)「朝鮮学校保護者の学校選択理由―「安心できる居場所」「当たり前」をもとめて」『プール学院大学研究紀要』51: 189–202.

中根千枝(1972)『適応の条件』講談社.

鍋島祥郎(1993)「「部落」マイノリティと教育達成―J. U. オグブの人類学的アプローチを手がかりに」『教育社会学研究第』52: 208–231.

西田芳正(2002)「エスニシティ〈顕在‐潜在〉のメカニズム」谷富夫編『民族関係における結合と分離―社会的メカニズムを解明する』ミネルヴァ書房：512–540.

額賀美沙子(2013)『越境する日本人家族と教育―「グローバル型能力」育成の葛藤』勁草書房.

野入直美（2007）『多文化教育における「日本人性」の実証的研究』平成 16 年度〜18
　　年度科学研究費補助金成果報告書.

野口道彦・戴エイカ・島和博（2009）『批判的ディアスポラ論とマイノリティ』明石書
　　店.

朴一（1999）『〈在日〉という生き方―差異と平等のジレンマ』講談社.

朴一（2014）『越境する在日コリアン―日韓の狭間で生きる人々』明石書店.

朴三石（2002）『海外コリアン』中公新書.

朴昌明（2007）「海外コリアンのコリア語教育に関する韓国政府の政策と海外教育機関
　　の現状」『駿河台法学』20（2）：33–58.

朴貞玉（2009）「日本における韓国人父母の言語教育観―父母の日本滞在歴と子どもの
　　教育レベルを中心に」『人間文化創成科学論叢』11、お茶の水女子大学大学院人
　　間文化創成科学研究科：79–87.

朴貞玉（2012）「日本におけるニューカマー韓国人の母親の抱える問題」『일본연구』
　　52、韓国外国語大学　日本研究所：5–25.

萩原健次郎（2012）「近代問題としての居場所」田中治彦・萩原健次郎編『若者の居場
　　所と参加』東洋館出版社：18–34.

橋本みゆき（2010）『在日韓国・朝鮮人の親密圏―配偶者選択のストーリー』社会評論
　　社.

長谷川瑞穂（2006）「カナダの多言語主義の政策と言語教育」小野原信善・大原始子編
　　『世界の言語政策』くろしお出版：161–188.

服部あさ子（2010）『マイノリティ女性のアイデンティティ戦略「母親性」の役割』専
　　修大学出版局.

花井理香（2008）『日韓国際結婚家庭児の日本語継承―日本人母の視座を通して』同志
　　社女子大学大学院　修士論文.

ハヤシザキカズヒコ（2010）「もう学校にこなくてもいい―ニューカマーと教育」志水
　　宏吉監　岩槻健・西田芳正編『教育社会学への招待』大阪大学出版会：198–216.

原みずほ（2003）「乗算的バイリンガリズムと支援教室―社会における言語間の権力関
　　係の観点から」『世界の日本語教育』13：93–107.

原みずほ・三宅若菜（2004）「言語少数派年少者の母語力の保持育成―教科・母語・日
　　本語相互育成学習モデルの試みから」『言語文化と日本語教育』28 お茶の水女子
　　大学：29–36.

原尻英樹（2005）『マイノリティの教育人類学』新幹社.

樋口直人（1996）「エスニック・サブカルチャー形成と資源動員―ニューカマー外国人
　　の経験的研究のために」『一橋研究』21（3）：137–153.

一二三朋子（2006）「異文化接触と親の教育方針がエスニック・アイデンティティ及び
　　自尊心に与える影響―日本人学生と中国人留学生の場合」文藝言語研究　言語篇
　　49: 61–81.

広田康生（2012）「日本人のグラスルーツ・トランスナショナリズムと「場所」への都

市社会学的接近」『専修人間科学論集』社会学篇 2(2)：141–154.

福岡安則・金明秀(1997)『在日韓国人青年の生活と意識』東京大学出版会.

法務省 HP「外国人登録者統計について」2005 年
　　http://www.moj.go.jp/nyuukokukanri/kouhou/press_060530-1_060530-1.html
　　(2016/10/1).

法務省 HP「在留外国人統計(旧登録外国人統計)統計表」2006〜2015 年
　　http://www.moj.go.jp/housei/toukei/toukei_ichiran_touroku.html(2016/10/1).

本田弘之(2005)「中国朝鮮族の継承語維持方略と日本語教育」『社会言語科学』8–1：
　　18–30.

松尾慎(2000)「ブラジル日系移住地における言語生活」『日系ブラジル人のバイリン
　　ガリズム』国立国語研究所：20–44.

水野直樹・文京洙(2015)『在日朝鮮人—歴史と現在』岩波新書.

箕浦康子編(1999)『フィールドワークの技法と実際』ミネルヴァ書房.

箕浦康子(2001)「仮説生成法としての事例研究—フィールドワークを中心に」『日本
　　家政学会誌』52(3)：293–297.

宮島喬(2003)「言語資本とマイノリティ」宮島喬・石井洋二郎編『文化の権力—反射
　　するブルデュー』藤原書店：21–42.

村田賀依子(2014)『実戦感覚と行為者の能動性—ハビトゥス論の再検討—』奈良女子
　　大学博士論文.

村中雅子(2010)「日本人母親は国際児への日本語継承をどのように意味づけているか
　　—フランス在住の日仏国際家族の場合」『異文化間教育』31、アカデミア出版
　　会：61–75.

八木晃介(1994)「部落に対する差別意識—「強者のルサンチマン」と日常意識」『部
　　落解放研究』96: 2–14.

矢野泉(2006)「アジア系マイノリティの子ども・若者の居場所づくり」『横浜国立大
　　学教育人間科学部紀要』Ⅰ(教育科学 8)：261–273.

矢野泉(2007)「エスニック・マイノリティの子ども・若者の居場所をめぐる考察」
　　『横浜国立大学教育人間科学部紀要』Ⅰ(教育科学 9)：169–177.

山田泉(2008)「外国人への言語保障」『月刊言語』37(2)、大修館書店：76–83.

山本かほり(2013)「在日韓国・朝鮮人の生活史にみる「民族」の継承と変容—在日韓
　　国・朝鮮人の家族・親族単位の世代間生活史調査より」『社会分析』40、日本社
　　会分析学会：81–103.

山本雅代(2003)「自画像としての単一民族単一言語国家—民族存在の不可視化と言語
　　的同化」『商學論究』50(4)：63–76.

山本雅代(2007)「複数の言語と文化が交叉するところ」『異文化間教育』26、アカデ
　　ミア出版会：2–13.

山脇啓造(2000)「在日コリアンのアイデンティティ分析枠組に関する試論」『明治大
　　学社会科学研究所紀要』38(2)：125–141.

梁愛舜 (2004)『在日朝鮮人社会における祭祀儀礼―チェーサの社会学的分析』晃洋書房.

梁陽日 (2010)「在日韓国・朝鮮人のアイデンティティと多文化共生の教育―民族学級卒業生のナラティブ分析から」『Core Ethnics』6: 473–483.

劉京宰 (2001)「中国朝鮮族のエスニック・アイデンティティに関する研究」『国際開発研究フォーラム』17: 155–186.

柳蓮淑 (2005)「外国人妻の世帯内ジェンダー関係の再編と交渉―農村部在住韓国人妻の事例を中心に」『人間文化論叢第』8: 231–240.

柳蓮淑 (2013)『韓国人女性の国際移動とジェンダー―グローバル時代を生き抜く戦略』明石書店.

柳蓮淑 (2014)「国際移動から韓国の家族を問う―ディアスポラとしての韓国人ニューカマー女性」平田由紀江・小島優生編『韓国家族―グローバル化と「伝統家族」のせめぎあいの中で』亜紀書房：174–214.

湯川笑子 (2005)「バイリンガルの言語喪失を語るための基礎知識」『母語・継承語・バイリンガル教育 (MHB) 研究』創刊号：1–24.

湯川笑子 (2006)「年少者日本語教育における母語保持・伸長を考える」『日本語教育』128 号：13–23.

尹健次 (2008)『思想体験の交錯―日本・韓国・在日 1945 年以降』岩波書店.

尹貞姫 (2005)「現代中国朝鮮族における言語問題と学校選択―延辺地域の言語使用に関する調査・分析を手がかりとして」『ことばの科学』18: 119–142.

尹紅花 (2010)「日本国内に居住する中国朝鮮族の生活形態に関する研究」『中国研究』18、麗澤大学中国研究会：27–41.

リャン、ソニア (2005)『コリアン・ディアスポラ―在日朝鮮人とアイデンティティ』中西恭子訳 (複数の原書を訳者が翻訳) 明石書店.

김현선 (2011)「귀화 조선족의 정체성과 국적의 탈신성화」이정구 외 지음『이주민과 에스니시티의 거주지역분석』성공회대학교 노동자연구소：152–178.

우희숙 (2010a)「이주민의 삶의 이해」경기도다문화교육센터편『다문화 가족의 이론의 실제』양서원：281–306.

우희숙 (2010b)「다문화 가정 자녀 교육」경기도다문화교육센터편『다문화 가족의 이론의 실제』양서원：307–329.

이정구・임선일 (2011)「재한 중국 동포의 에스니시티 변용」이정구 외 지음『이주민과 에스니시티의 거주지역분석』성공회대학교 노동자연구소：38–76.

Baker, Colin. (1993) *Foundations of Bilingual Educations and Bilingualism.* UK: Multilingual Matters. (= 岡秀夫訳 (1996)『バイリンガル教育と第二言語習得』大修館書店.)

Berger, Peter L. and Thomas Luckman. (1966) *The Social Construction of Reality: A Treatise in the Sociology of Knowledge.* NY: Doubleday. (= 山口節郎訳 (2003)『現実の社会的

構成—知識社会学論考』新曜社.）

Bourdieu, Pierre et Jean-Claude Passeron. (1970) *La reproduction.* Paris: Minuit.（＝宮島喬訳（1991）『再生産』藤原書店.）

Bourdieu, Pierre. (1980) *Le sens pratique.* Paris: Éditions de Minuit.（＝今村仁司・港道隆訳（2001）『実践感覚 1』みすず書房.）

Bourdieu, Pierre. (2002) *Le bal des célibataires: crise de la société paysanne en Béarn.* Paris: Éditions du Seui.（＝丸山茂ほか訳（2007）『結婚戦略—家族と階級の再生産』藤原書店.）

Castles, Stephen and Mark J. Miller. (2009) *The Age of Migration: International Population Movements in the Modern World.* 4th edition. UK: Palgrave Macmillan. （＝関根政美・関根薫監訳（2011）『国際移民の時代』名古屋大学出版会.）

Cho, G. (2000) The Role of Heritage Language in Social Interactions and Relationships: Reflections from a Language Minority Group, *Bilingual Research Journal,* 24 (4)： 369–384.

Cummins, Jim and Marcel Danesi. (1995) *Heritage Languages: The Development and Denial of Canada's Linguistic Resources.* Canada: Our Schools/Our Selves.（＝中島和子・高垣俊之訳（2005）『カナダの継承語教育—多文化・多言語主義をめざして』明石書店.）

Denzin, Norman K. (1989) *Interpretive Interactionism.* US: Sage Publications.（＝片桐雅隆ほか訳（1992）『エピファニーの社会学』マグロウヒル.）：1–40.

Fischer, Claude S. (1975) Toward a Subcultural Theory of Urbanizm, *American Journal of Sociology,* 80 (6)：1319–41.（＝広田康生訳（2012）「アーバニズムの下位文化理論に向かって」森岡清志編『都市空間と都市コミュニティ』日本評論社：127–164）

Fischer, Claude S. (1982) *To Dwell among Friends: Personal Networks in Town and City.* Chicago: University of Chicago Press.（＝松本康・前田尚子訳（2002）『友人のあいだで暮らす—北カリフォルニアのパーソナル・ネットワーク』未来社.）

Fischer, Claude S. (1984) *The Urban Experience.* New York: Harcourt Brace & Company. （＝松本康・前田尚子訳（1996）『都市的体験—都市生活の社会心理学』未来社.）

Fischer, Claude S. (1995) The Subcultural Theory of Urbanism: A Twentieth-Year Assessment, *American Journal of Sociology,* 101 (3)：543–577.

Lee, Steven K. (2002) The Significance of Language and Cultural Education on Secondary Achievement: A Survey of Chinese-American and Korean-American Students, *Bilingual Research Journal,* 26: 327–338.

Sen, Amartya. (2006) *Identity and Violence: The Illusion of Destiny.* New York: W. W. Norton.（＝大門毅監訳（2011）『アイデンティティと暴力—運命は幻想である』勁草書房.）：169–205.

Takeuchi, M. (2006) The Japanese Language Development of Children through The One Parent—One Language Approach in Melbourne, *Journal of Multilingual and Multicul-*

tural Development, 27（4）: 319–331.

Trudgill, Peter.（1974）*Sociolinguistics: An Introduction.* US: Penguin Books Ltd.（＝土田滋訳（1975）『言語と社会』岩波新書.）

Wallman, Sandra.（1984）*Eight London Households.* LONDON: Tavistock Publications Ltd.（＝福井正子訳（1996）『家庭の三つの資源―時間・情報・アイデンティティ―ロンドン下町の8つの家庭』河出書房新社.）

You, Byeong-keun.（2005）Children Negotiating Korean American Ethnic Identity Through Their Heritage Language. *Bilingual Research Journal*, 29: 711–721.

おわりに

　本書の調査は、冒頭でも述べたように自身の出自、経験が出発点となっている。その影響を受けながらも、調査者の解釈が恣意的にならず、どこまで説得的な解釈を示せるのかが大きな課題であった。また、分析する前に心がけていたことは、個々の意味世界の多様性を描きながら、比較するという視点をもち続けることであった。そのためには、「語り」をできるだけ読者に示していくことが重要であると考えた。そういった課題は、一定程度克服できたのではないかと思う。また、「下位文化理論」を参照し、日本人やコリア系移住者同士の「接触」が、どのように教育戦略に関わっているのかを明らかにした点は、今までの研究にはない視点であったのではないだろうか。さらに民族意識が強い者は、民族教育や民族継承を望むといった言説に対して、一石を投じた点は重要だと思っている。

　また、民族継承がどのような要因を受けて展開されるのかという本書のリサーチクエスチョンについて、移住理由の多様性、接触を含む多様な経験を時間軸に沿って考察できたことで、民族継承の意味づけの多様性やコリア系移住者3者間の違いを、説得的に示せたと思う。親の教育戦略は、資本の獲得、上昇するための手段としての意味づけを含むと同時に、民族的アイデンティティを獲得させるためにも重要である。特に在日コリアンにとっての民族継承は、歴史を遡って考察することで、肯定的なアイデンティティをもたせるための戦略であることがわかった。一方、大半の在日コリアンは、民族性を潜在化させて生きており、本書の大半の対象者とは相反する教育戦略がおこなわれている可能性が高いとも言える。

冒頭で触れた筆者の経験は、本書の対象者の語りをみる限り、決して個人的なものに還元されない普遍的な要素を含んでいると言える。つまり、親の民族継承は、その民族を表す指標である言語や文化が、その社会で価値がない（＝「資本」として成り立たない）と、日本社会での経験から感じた場合に抑制されるのである。さらに家族、特に子どもからのフィードバックによって、民族継承は抑制され、潜在化される（逆もありうる）。H1 の「私は日本人ちゃうでって、（子どもは）多分もうわかってると思う。でも子どもがそれを隠したいなら隠してもいいし、私も（子どもが望むなら自身の民族性を）隠したい」という語りは、筆者の経験が個人だけに還元されない例証であろう。

　このことは、NC とて例外ではない。幼少期に NC の母がなぜ、積極的に母語を継承しなかったのか、それは筆者（子ども）からのフィードバック（韓国人であることへの嫌悪）を強く感じたからである。そのことによって母もまた、民族性を潜在化せざるをえなかった。本書の対象者の子どもの多くはまだ幼い。今後、日本社会からの否定的な態度を内面化し、フェルト・スティグマを形成したとき、親の民族継承は大きく揺らぐ可能性がある。

　最後に本書における課題を挙げたい。第一に、韓国人 NC においては、対象者の母国での経験は、ほとんど考慮されていない点である。母国での経験の重要性への認識は、調査途中からであったため、調査が不十分となった。韓国人 NC の母国での経験を分析の俎上にのせることによって、より説得力のある解釈を示すことができたのではないかと思う。第二に、対象者の滞日年数の異なりなど、ばらつきがあることから、比較の一群としては限界があった。第三に、在日コリアン家庭で民族継承を担うことになった NC 対象者に関して、文化伝達（チェサ）については、データの不足から十分に考察することができなかった。その理由として、当初の調査目的は、母語継承への意味づけを明らかにすることに主眼をおいていたため、チェサに関するデータが十分に得られなかったことが挙げられる。朝鮮族においては、子育てを終えた朝鮮族へのインタビューをすることができなかった。今後は、子育てを終えた朝鮮族のインタビューをすることも重要であろう。

在日コリアンにおける課題としては、第一に、KEY という団体に参加するメンバーの傾向としては理解できる。しかしながら、他のエスニック団体ではどうなのか、他の団体においても、民族を継承するリソースとしての機能を有しているのか、あるいは、在日コリアン全体にも同じようなことが言えるのか、といった普遍性の問題が出てくる。第二に、KEY に集う参加者は在日コリアンの中でもマイノリティであり、民族意識が強いことを想像しなければならない。在日コリアン全体の民族継承を捉えるうえでは限定的である。また、民族継承意識が強い、あるいは民族継承を実践しようとしている在日コリアン女性にとっても、在日社会の中ではマイノリティである点は同じであろう。以上を踏まえたとき、在日コリアンのマジョリティ側の民族継承についても見ていかなければならない。

　今後も民族継承がどのような要因に影響を受けて展開されるのか、されないのか、個人の意味づけのありかたを丁寧に読み解き、筆者なりの解釈を示していきたいと思う。

謝辞

　本書は、2017 年に大阪府立大学に提出した博士学位論文「コリア系移住者の民族継承―教育戦略と文化伝達に着目して―」を加筆・修正したものである。第 2 章、第 3 章、第 4 章は、下記の論文によって構成されている。

はじめに
第 1 章　コリア系移住者の移動と教育戦略
第 2 章　韓国人ニューカマーの民族継承
●安本博司（2013）「韓国人ニューカマーの母語継承に関する考察―在日との接触と意味づけの変遷に着目して―」『人間社会学研究集録』8: 89–109. を加筆・修正
第 3 章　朝鮮族の民族継承
●金花芬・安本博司（2011）「コリア系ニューカマーの教育戦略―韓国人と朝鮮族の学校選択と家庭内使用言語を中心に―」『人間社会学研究集録』6: 27–49. を加筆・修正
第 4 章　在日コリアンの民族継承
●安本博司（2016）「民族性継承への意味づけ―在日と韓国人ニューカマーに着目して―」『女性学研究』23: 131–153. を加筆・修正
第 5 章　総合的考察－コリア系 3 者間の比較分析
おわりに

*

そして本書は、独立行政法人日本学術振興会平成30年度科学研究費助成事業（科学研究費補助金）【研究成果公開促進費】（課題番号：18HP5204）の交付を受けて刊行したものである。また、これまでの在日コリアン研究の成果である、以下の論文を参考にしている。

●安本博司（2013）「在日コリアンへの回帰—KEYでの活動を通して—」『多文化関係学』10: 133–145. を一部引用・改変

●安本博司（2014）「在日コリアンの居場所をめぐる考察—KEYに参加する若者に着目して—」『多文化関係学』11: 23–36. を一部引用・改変

＊

本研究を進めるにあたり、多くの方々にお世話になった。協力してくださったすべての方々に感謝したい。私の研究の出発点は、プール学院大学大学院であり、指導教員であった中島智子先生には大変お世話になった。また、大阪府立大学大学院進学後は、指導教員の田間泰子先生にお世話になり、先生のもとで多くのことを学ばせてもらった。また副査の西田芳正先生、酒井隆史先生をはじめ、研究を支えてくださった多くの先生方にもお世話になり、ここに感謝を申し上げたい。そして、同じ大学院生であった金花芬さん、杉本和子さんからは、インタビュー協力者を紹介していただき、金花芬さんからは、朝鮮族としての経験やインタビュー協力者について、杉本和子さんからは、在日朝鮮人教育に長年携わってきた経験を聞くことができ大変勉強になった。

大学院の授業では、自身の研究においてほとんど意識していなかったジェンダーについて考えるきっかけを与えてもらい、また先生方、院生仲間からも貴重なアドバイスをいただき感謝にたえない。また、インタビュー、アンケート調査に応じてくださった方々、長年、調査に協力していただいたKEYの方々、最後に誰よりも近くで研究を支えてくれた家族に感謝したい。

索 引

A-Z

KEY　101, 124, 152
KIS　23, 104, 121, 123

あ

アイデンティティ　21, 33, 127
アイデンティファイ　92, 98

い

（大阪市）生野区　iii, 30, 54
一時帰国　47–49, 73
移動　9, 34, 46
居場所　126
異文化体験　15, 47, 147
意味ある他者　156
意味づけの変遷　57

え

エスニシティ　23, 24
エスニック・アイデンティティ　14
エスニック団体　116, 156
越境ハビトゥス　12, 13, 35, 36, 57, 62, 65, 99
延辺　18, 91
遠慮　55

か

下位文化　143
下位文化理論　28, 116
カウンター・バランス説　18
学校経験　102
学校選択　19, 23, 65, 98, 152
葛藤　50, 60, 78, 104, 152
カテゴリー化理論　iv
家父長制　25, 111, 112
韓国語習得　151
韓国語使用　22
韓国人 ID　64
韓国人 NC（ニューカマー）　5, 7, 16
漢族学校　20, 83

き

帰化　81, 128
帰国期待　63, 97
教育戦略　1, 10, 37, 72, 115, 148
キロギアッパ　26

く

グローバル化　25
グローバル型能力　2, 13, 47, 150

け

経験の共有　55, 56
経済的要因　71, 96
継承意識　63, 97
結合　51
言語選択　17, 74
言語能力　74, 91

こ

交渉　109, 112, 113
跨境生活圏　8
国語講習所　4
国籍　133
国籍維持　127
コペニズ　iv
コリア系外国人学校　20
コリアタウン　84, 86

さ

差異　61, 62
再生産　111, 115
在日コリアン　3, 16, 32
在日コリアン家庭　111, 115
在日コリアン側の遠慮　116
在日コリアン青年連合　101
採用　31
三従の礼　27

し

ジェンダー　7, 13, 27, 33, 56, 120
自文化継承　17
資本　1–3, 19, 21, 99, 143, 151
社会参加　61
（在日コリアン）集住地域　iii, 28, 29, 122
集住地効果　30, 116
修正　31
儒教的価値観　26, 37
上昇（志向）ニューカマー　1, 11, 147

せ

性別役割　25, 148
世俗化　114
接触　27, 28, 30, 33, 34, 49, 55, 75, 78, 83, 149, 150
選択的　129

そ

相互作用　34

た

ダブル　126
ダブルリミテッド　20, 99
多様性　153, 157

ち

チェサ　19, 25, 26, 106, 120, 141
中華学校　20
朝鮮学校　4
（中国）朝鮮族　7, 8
朝鮮族 ID　98
朝鮮族 NC（ニューカマー）　32
朝鮮族学校　8, 18, 19, 83

つ

通名（使用）　118, 122
通名使用者　138

て

出稼ぎ　9, 71
適応　57, 66
伝統的価値観　37
伝播　29, 31

と

同胞コミュニティ　157
同胞との接触　157
特別永住者　6
トランスナショナル　12
トリリンガル　76, 91

な

内的一貫性　89

に

日本人化　53, 57, 61
ニューカマー（NC）側の遠慮　52

は

配偶者選択　112, 113
バイリンガル　15, 76
母親役割　13, 66, 98
阪神教育闘争　4
反日感情　125

ひ

被差別経験　vi, 113
非自発的移動　44

ふ

フィードバック　v, 74, 79, 99, 108
フィッシャー　28, 96
フェルト・スティグマ　iv
ブルデュー　1, 2
文化差異　63, 80, 82
文化的逃避／避難　7, 44, 65
文化伝達　101
分離　51

へ

ヘイトスピーチ　110

ほ

母語　35, 36
母語継承　2, 3, 18, 65
母語能力　17
本名　110, 121, 136
本名使用　109, 127
本名使用者　138
本名使用率　130

み

民族意識　24, 37
民族学級　105, 109, 121
民族学校　4, 30, 109
民族教育　111
民族継承　v, 131, 133, 142, 143, 150, 152
民族性の顕在・潜在　154
民族的アイデンティティ　34, 36, 63,
　　116–118, 127, 131, 133, 136
民団　59

り

留学　71

る

ルーツ　102, 108, 143

【著者紹介】

安本博司（やすもと ひろし）

1974年大阪府大阪市生まれ。大阪府立大学客員研究員。
2010年より韓国新羅大学で教鞭をとった後、2012年より日本
の大学で留学生に対する日本語関連科目、日本人学生に対する
日本語関連科目、人権問題論などの科目を担当。大阪府立大学
人間社会学研究科人間科学専攻、同大学院で博士（人間科学）取
得。専門社会調査士。
〈主な著書（共著含む）と論文〉
『テーマ別 中級から学ぶ日本語〈三訂版〉ワークブック』(2015)、
『テーマ別 上級で学ぶ日本語〈三訂版〉ワークブック』(2017)、
「在日コリアンの居場所をめぐる考察—KEYに参加する若者に
着目して—」(2014)、「民族性継承への意味づけ—在日と韓国人
ニューカマーに着目して—」(2016)、ほか。

コリア系移住者の民族継承をめぐって

—教育戦略と文化伝達

Succession Strategies of Korean Ethnic Identity in Japan:
Focusing on Education, Cultural Transmission
Yasumoto Hiroshi

発行	2019年2月20日　初版1刷
定価	3600円＋税
著者	© 安本博司
発行者	松本功
装丁者	大熊肇
印刷所	三美印刷株式会社
製本所	株式会社 星共社
発行所	株式会社 ひつじ書房

　　　　　〒112-0011 東京都文京区千石2-1-2 大和ビル2階
　　　　　Tel.03-5319-4916　Fax.03-5319-4917
　　　　　郵便振替 00120-8-142852
　　　　　toiawase@hituzi.co.jp　http://www.hituzi.co.jp/

ISBN978-4-89476-954-0

造本には充分注意しておりますが、落丁・乱丁などがございましたら、
小社かお買上げ書店にておとりかえいたします。ご意見、ご感想など、
小社までお寄せ下されば幸いです。